上海市职业教育"十四五"规划教材

职业教育财经商贸类专业教学用书

管理会计基础

主　编　张红军

副主编　宛悦琪　黄　静

华东师范大学出版社

·上海·

图书在版编目(CIP)数据

管理会计基础/张红军主编. —上海:华东师范大学出版社,2023
ISBN 978 - 7 - 5760 - 3685 - 5

Ⅰ.①管… Ⅱ.①张… Ⅲ.①管理会计-中等专业学校-教材 Ⅳ.①F234.3

中国国家版本馆 CIP 数据核字(2023)第 042570 号

管理会计基础

主　　编　张红军
责任编辑　何　晶
责任校对　时东明　劳律嘉
装帧设计　俞　越

出版发行　华东师范大学出版社
社　　址　上海市中山北路 3663 号　邮编 200062
网　　址　www.ecnupress.com.cn
电　　话　021 - 60821666　行政传真 021 - 62572105
客服电话　021 - 62865537　门市(邮购)电话 021 - 62869887
地　　址　上海市中山北路 3663 号华东师范大学校内先锋路口
网　　店　http://hdsdcbs.tmall.com

印 刷 者　上海市崇明县裕安印刷厂
开　　本　787 毫米×1092 毫米　1/16
印　　张　12
字　　数　267 千字
版　　次　2024 年 1 月第 1 版
印　　次　2024 年 1 月第 1 次
书　　号　ISBN 978 - 7 - 5760 - 3685 - 5
定　　价　35.00 元

出 版 人　王　焰

前　言

　　本教材立足现代企业的市场需求,基于会计数字化的发展,着眼于大数据环境下复合型会计人才培养目标的重新定位,将管理会计基本技能融入职业教育会计事务专业课教学中,有助于培养具有团队协作精神及良好职业素养的"初级复合型财经管理类"人才。它是学生学习管理会计的入门工具书,适合学生初步学习管理会计基本知识与技能,为其之后学习中高技能奠定基础。

　　教材主要突出以下六个方面特点:

　　● 立足全新起点——填补中职会计事务专业管理会计教学的空白。因企业市场需求的变化和会计人才培养目标的变化,决定了职业教育会计事务专业学生必须对管理会计基本技能有一定的掌握,以满足初级复合型管理会计人才培育的需要。

　　● 落实课程思政——将新时代思想政治教育融入课程,培养会计事务专业学生职业道德意识。贯彻落实国家财政部 2023 年 1 月 12 日印发的《会计人员职业道德规范》,以此为准绳来规范学生在企业场景化案例中的各项操作,并作为教师专业教学课程思政的指引,着眼于培养一支道德情操高、法规意识强、业务能力精的会计专业人才队伍,突出立德树人、凝心铸魂,充分发挥和挖掘会计教学在加强学生思想政治教育方面的重要作用,培养学生爱国情怀、爱岗敬业、创新精神和实践能力。

　　● 遵循职教理念——数据处理技能融入专业学习。根据教育部等四部门对职业院校实施"学历教育＋职业技能"的相关文件要求,教材的编写融入部分"1＋X"大数据管理会计的基本技能,运用现代信息技术手段,对企业财务及业务信息进行收集、整理、加工、分析和报告,进行业财融合的处理,分析企业经营状况,为做到"学历教育＋工作技能"的有效融合提供有利条件。

　　● 彰显职教特色——企业真实案例强化学生实训。编者参考《上海市中等职业学校会计专业教学标准》,收集多个小企业案例,设计了以任务引领为主线,利用 Excel 表格工具,按照工作步骤计算、分析企业经营状况的项目任务,旨在培养学生"算为管用、算管结合"的企业经营管理理念,为实现"做中学、学中做"的理实一体化教学所需案例提供资料。

　　● 体现业财融合——会计为企业"业务活动"提供有价值的信息。根据现代企业管理会计岗位的工作要求,筛选出"有价值的业务信息",进行相关数据计算,编制有关内部报表,做出控制、预测、决策的判断,真正做到业务数据与财务数据相融合、业务信息为财务信息提供依据、财务信息为业务信息提供参考决策,从而为企业内部经营者提供有价值的参考,做出正确的企业经营决策。

● 强调能力本位——从企业"工作任务"出发，以"职业能力"为主。以管理会计指引体系作为理论依据，基于现代企业管理会计岗位的工作要求，以企业"工作任务"为出发点，以"职业能力"为主线，以"工作过程"为"步骤"，凝练出"要点提示""注意事项"，设定"问题情境""解析思路"来作为工作提示，以"学习结果评价"衡量基本技能学习情况。

本教材围绕小微企业经营业务展开编写，针对小企业的经营管理，主要涉及成本控制管理、销售及成本预测和决策的内容，按成本解析算利润、本量利分析、销售及成本预测、短期经营决策四个项目进行编排。每个项目有 2－3 个工作任务，每个工作任务下有 1－3 个职业技能；每个项目都有 1－2 个综合案例，案例也主要从小型制造业企业、服务业企业、商业企业多个不同企业的角度来介绍。

本教材立足校企合作，由行业企业资深专家高级会计师陈妍、正高级讲师王莉萍对职业能力部分进行指导与审核，由行业企业资深专家型注册会计师、高级会计师李敏对职业能力、小企业真实案例内容进行指导与审核。本教材由上海商业会计学校张红军任主编、宛悦琪和黄静任副主编，具体分工如下：项目一由冯玉佩、张红军编写，项目二由黄静、张红军编写，项目三由吕凡、张红军编写，项目四由宛悦琪编写。

在此，感谢新道科技股份有限公司钱丽给予企业实践调研的便利，也感谢教学部、科研督导中心及校领导的大力支持。

作为管理会计课程改革试点教材，本书难免会有疏漏与不足，敬请专家及教材使用者提出宝贵意见与建议，以便于我们及时更正与完善。

编者
2024 年 1 月

目 录

目 录

项目一
成本解析算利润——管理会计入门

本项目职业能力

成本解析算利润

工作任务一　计算分解混合成本

职业能力1　能辨别管理会计中的成本分类

职业能力2　能用高低点法计算分解混合成本

工作任务二　运用变动成本法编制利润表

职业能力1　能计算变动成本法下的成本

职业能力2　能运用变动成本法编制利润表

工作任务三　计算分析完全成本法与变动成本法税前利润差异

职业能力1　能运用完全成本法和变动成本法编制年度利润表

职业能力2　能分析完全成本法与变动成本法税前利润差异

本项目综合实训　运用变动成本法编制利润表（小型制造业企业）的案例

学习目标

通过本项目的学习,能理解不同分类依据下各种成本的含义及辨别要点;掌握按成本性态对成本分类,高低点法分解混合成本,变动成本法计算成本;知晓完全成本法与变动成本法下成本的不同,运用变动成本法编制利润表等相关的技能;理解完全成本法下的税前利润与变动成本法下的税前利润的差异原因;能熟练依据相关法规处理会计工作岗位的经济业务,具备遵纪守法、依法办事的工作能力,满足企业管理者控制成本、提高企业经营业绩的需求。

重点难点

◆ 学习重点

- 按照成本性态划分并辨析固定成本与变动成本;
- 运用高低点法分解混合成本;
- 运用变动成本法计算成本;
- 辨析完全成本法与变动成本法下的不同成本;
- 运用变动成本法编制利润表,满足企业管理者控制成本、提高企业经营业绩的需求。

◆ 学习难点

- 运用高低点法分解混合成本;
- 运用变动成本法计算成本;
- 辨析完全成本法与变动成本法下的不同成本;
- 筛选整理企业财务信息与非财务信息,编制相关内部报表;
- 运用变动成本法编制利润表,满足企业管理者控制成本、提高企业经营业绩的需求;
- 理解完全成本法下的税前利润与变动成本法下的税前利润的差异原因。

工作任务一
计算分解混合成本

职业能力1　能辨别管理会计中的成本分类

核心概念

直接成本和间接成本　可控成本和不可控成本　相关成本和非相关成本
成本性态　固定成本与变动成本

学习目标

- 能根据不同成本特性细致认真辨别不同类别的成本；
- 会辨别固定成本和变动成本；
- 能精准分析固定成本与产量的关系、变动成本与产量的关系；
- 会根据不同成本特性细致认真辨别成本，确认成本的归属，养成细致认真的工作习惯。

基本知识

一、管理会计中成本的概念

成本是指企业在经营过程中对象化的、以货币计量的、为实现目标而牺牲或放弃的经济资源的价值或代价。成本是对象化了的耗费。在管理会计中，根据管理决策目标的变化，成本的分类也会有所不同。

二、管理会计中成本的主要分类

（一）按受益对象不同，成本被分为直接成本和间接成本

直接成本是指与某个特定成本对象有直接联系，从而可直接归属于它的成本。间接成本是指可以同时使多个成本对象共同受益，既与某个特定成本对象无直接联系又无法确认受益程度，从而无法客观地直接计入某个特定成本对象的成本。

（二）按可控性不同，成本被分为可控成本和不可控成本

可控成本是指责任单位在会计期间内可以预计、计量和采取措施施加影响，从而落实责任的成本。不可控成本是指责任单位在会计期间内无法采取措施进行调控的成本。

（三）按与决策分析的相关性，成本被分为相关成本和非相关成本

1. 相关成本

相关成本是指对企业经营管理有影响或在经营管理决策分析时必须加以考虑的各种形式的成本。相关成本表现形式多样，具体包括：

1）边际成本

边际成本是指业务量变动一个单位时成本的变动部分，就是产量增加或减少一个单位所引起的成本变动。边际成本是企业判断产能是否合理的指标。当增加一个单位产量所增加的收入高于边际成本时，生产是划算的，反之则不划算。

2）机会成本

机会成本是指放弃其他方案提供收益的机会而实行本方案时，所失去的所放弃方案最大的潜在收益。机会成本要求我们在决策中全面考虑可能采取的各种方案，以便为既定资源寻求最为有利的使用途径。

3）重置成本

在重置成本计量下，资产按照现在购买相同或者相似资产所需支付的现金或者现金等价物的金额计量。负债按照现在偿付该项债务所需支付的现金或者现金等价物的金额计量。

4）付现成本

付现成本是指由于某项决策而引起的需要在未来动用现金支付的成本。这是企业在考虑货币的时间价值和资金拮据而筹措困难时，往往需要充分考虑的成本。

5）可避免成本

可避免成本是指企业可以通过决策行动改变其数额的成本，或是成本发生与否直接同某项备选方案是否选用相关联的成本。

6）可延缓成本

可延缓成本是指与已经选定但可以延期实施且不会影响大局的某方案相关联的成本。

7）专属成本

专属成本是指可以明确归属于某种、某批或某个部门的固定成本。如，专门生产某种零件或某批产品而专用的厂房、机器的折旧费、某种物资的商品保险费等。

8）差量成本

差量成本通常指两个备选方案的预期成本之间的差异数，亦称是差别成本或差额成本。不同方案的经济效益一般可通过差量成本的计算明确地反映出来。

2. 非相关成本

非相关成本是指在进行方案经济性评价时因与方案无关而不必考虑的成本。在决策分析

中,非相关成本通常以沉没成本等形式出现。沉没成本指不受决策中各种选择影响的成本,即不管决策的有关行动方案如何变化,成本的数额都不改变。非相关成本有的是历史成本,有的虽然是未来成本,但同特定方案的选择并无联系。如在决定某种产品应否增加产量时,所需用的原有生产设备的折旧费属于非相关成本,而所需新增生产设备的折旧费却属于相关成本。

以上管理会计中成本的概念和分类,被广泛应用在管理会计决策中。

三、成本性态

成本性态也称作成本习性,是指成本的总额对业务总量(产量或销售量)的依存关系。按成本性态,企业的成本可以分为固定成本、变动成本和混合成本三类。具体见图1-1所示。

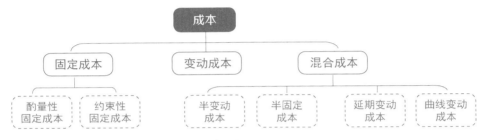

注:本教材只涉及到半变动成本与半固定成本。

图1-1 管理会计中的成本性态分类

1. 固定成本

1)固定成本的概念

固定成本是指总额在一定期间和一定业务量范围内,不受业务量变动的影响而保持固定不变的成本。例如,按直线法计提的厂房、机器设备的折旧费,管理部门人员的工资、房屋租金、保险费、广告费、职工培训费等。

2)固定成本的特点

固定成本总额在一定范围内不随业务量变动而变动,但如果就单位产品中的固定成本而言,则是随业务量的增减呈反比例变动,即:总产量增加时,单位新产品分摊的固定成本将会减少;总产量减少时,单位产品分摊的固定成本将会增加。具体来说,固定成本性态见图1-2所示,单位固定成本性态见图1-3所示。以符号 a 表示固定成本,则固定成本的模型公式为:$y=a$,单位固定成本的模型公式为 $y=a/x$。

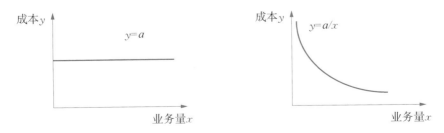

图1-2 固定成本性态　　　　**图1-3 单位固定成本性态**

3）固定成本的分类

固定成本通常又细分为酌量性固定成本和约束性固定成本。

酌量性固定成本也称为选择性固定成本或者任意性固定成本，是指企业管理者的短期决策可以改变其支出数额的固定成本。如：广告费、职工教育培训费、技术开发费等。

酌量性固定成本的大小直接取决于企业管理者对企业经营状况作出的判断。

约束性固定成本是指管理者为维持目前的生产经营能力而必须开支的，短期决策无法改变其支出数额的固定成本。如：厂房及机器设备按直线法计提的折旧费、照明费、行政管理人员的工资等。

约束性固定成本是企业维持正常生产经营能力所必须负担的最低固定成本，其支出的大小只取决于企业生产经营的规模与质量，因而具有很大的约束性，企业管理者的当前决策不能改变其数额。

4）固定成本的相关范围

固定成本的"固定性"不是绝对的，而是有限定条件或范围的。这种限定条件或者范围在管理会计中叫做"相关范围"。固定成本的相关范围具有如下特征：

一是特定的期间。因为从较长期间看，所有的成本都是可变的，约束性固定成本和酌量性固定成本将随着情况的变化和企业经营方针的变化而有所增减，由此必须引起厂房的扩建、设备的更新、人员的增减，从而改变企业折旧费、修理费及工资的支出。由此可见，只有在一定期间内，企业的某些成本才具有不随产量变动的特征。

二是特定的业务量水平，以产量为例，一般指企业现有的生产能力。因为所要求的产量如果超过现有生产能力，势必要扩建厂房、增加设备和扩充人员，从而使原属于固定成本中的折旧费、修理费、管理人员工资等也随之增加。很显然，即使在有限期间内，其固定性也是针对某一特定产量范围而言的，固定成本额受一定相关范围制约。

2. 变动成本

1）变动成本的概念

变动成本是指在一定的期间和一定业务量范围内，其总额随着业务量的变动而呈正比例变动的成本。如：直接材料、直接人工等。

2）变动成本的特点

变动成本的特点是变动成本总额随着业务量的变化呈正比例变动；而就单位变动成本而言，则不随业务量的变化而变化。具体来说，变动成本性态见图 1-4、单位变动成本性态见图 1-5 所示。以符号 b 表示单位变动成本，则变动成本的模型公式为：$y = bx$，单位变动成本的模型公式为 $y = b$。

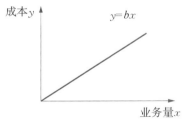

图 1-4　变动成本性态

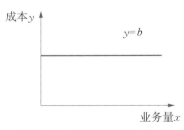

图 1-5　单位变动成本性态

3）变动成本的相关范围

与固定成本相似，变动成本与业务量之间的正比例变动关系，也是有条件的，通常也只有在一定业务量范围内存在。超过一定业务量范围两者之间就可能表现为非线性关系。例如：当一种产品产量较低时，单位产品的材料和工时消耗量可能都比较多；当产量增加到一定程度，就可以更为经济合理地利用材料和工时，从而相应降低单位变动成本；但是当产量的增加超过一定限度后，继续增加产量，也可能出现一些新的非经济因素，如多付加班补贴或按累进率多付计件工资等，从而使单位变动成本提高，这时变动总成本曲线会呈现向上弯曲的趋势，即其斜率随着产量的增加而增大。只有在产量增长的中间阶段，有关指标趋于平稳，才使成本与产量之间呈现完全的线性联系。变动成本的相关范围就是针对这一阶段而言的。

有些成本介于固定成本与变动成本之间的成本，被称为混合成本。混合成本既包含固定成本又包含变动成本因素，为了掌握成本与业务量之间的依存关系，需对混合成本进行分解，将其变动部分与固定部分分离成变动成本与固定成本，以满足变动成本分析、本量利分析、短期经营决策分析等计算、分析之需。此内容将在"职业能力2　能运用高低点法计算分解混合成本"中介绍。

3. 总成本

将成本按照成本性态划分为变动成本与固定成本是采用变动成本法核算的前提，其表现为产品总成本是由固定成本总额及变动成本总额构成，即：

$$总成本 = 固定成本总额 + 变动成本总额$$
$$= 固定成本总额 + 单位变动成本 \times 业务量$$

如果以符号 y 表示总成本，以符号 a 表示固定成本总额，以符号 b 表示单位变动成本，以符号 x 表示业务量，则总成本可以表述如下：

$$y = a + bx$$

从数学角度看，此线性方程中 x 是自变量，y 是因变量，a 是常数，b 是直线的斜率，则总成本习性基本模型见图 1-6 所示。

通过研究固定成本与变动成本的相关范围，学习者能更准确地认识成本性态。在许多复杂的经济现象中，若从某一特定的业务量范围内观察，可以假定固定成本保持不变，变动成本与业务量存在完全线性关系，并以此进行成本性态分析，预测有

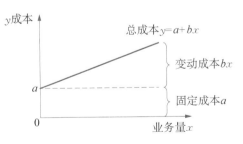

图 1-6　总成本习性基本模型

关成本随业务量变动而变动的情况，进而使复杂的经济现象的分析在一定条件下得以简化，并可以纳入成本性态分析的模式中，使之变得可计算和可操作，从而达到进行成本计划与控制的目的。

🌐 能力训练

一、业务描述

上海艺心工艺品有限公司生产一种玻璃工艺品产品,其专用生产设备的月折旧额为10 000 元,该设备最大加工能力为 4 000 件/月。当该设备分别生产 1 000 件、2 000 件、3 000 件和 4 000 件时,单位产品所负担的固定成本如表 1-1 所示。(假设不考虑其他税费。本公司成本会计岗位人员李玉,财务主管张翼。)

表 1-1

专用生产设备折旧费用表
202×年 7 月

编制单位:上海艺心工艺品有限公司
产品名称:玻璃工艺品   单位:元

产量(件)	折旧费用	单位产品折旧费用
1 000	10 000.00	10.00
2 000	10 000.00	5.00
3 000	10 000.00	3.33
4 000	10 000.00	2.50

制表人:李玉   复核人:张翼

玻璃工艺品的单位产品直接材料成本为 20 元,当产量分别为 1 000 件、2 000 件、3 000 件和 4 000 件时,材料的单位产品材料成本和材料总成本如表 1-2 所示。

表 1-2

直接材料费用表
202×年 7 月

编制单位:上海艺心工艺品有限公司
产品名称:玻璃工艺品   单位:元

产量(件)	单位产品材料成本	材料总成本
1 000	20.00	20 000.00
2 000	20.00	40 000.00
3 000	20.00	60 000.00
4 000	20.00	80 000.00

制表人:李玉   复核人:张翼

二、工作要求

根据以上业务资料,请帮助李玉作出以下分析:①辨别固定成本、变动成本;②理出固定成本与产量的关系;③理出变动成本与产量的关系;④理出总成本与固定成本总额、变动成本总额的关系;⑤做出总成本习性图。

三、工作过程

根据以上资料,首先辨别出固定成本、变动成本,其次确认固定成本与产量的关系,其次解析变动成本与产量的关系,最后分析总成本与固定成本总额、变动成本总额的关系。

第一步:辨别固定成本、变动成本

根据业务资料展开认真的分析,得出:折旧费属于固定成本,材料费属于变动成本。

分析:当产量分别为 1 000 件、2 000 件、3 000 件和 4 000 件时,专用生产设备的折旧额均为 10 000 元,即折旧费总额不随产量的增减变动而变动,因此,折旧费属于固定成本。当产量分别为 1 000 件、2 000 件、3 000 件和 4 000 件时,材料总成本分别为 20 000 元、40 000 元、60 000 元和 80 000 元,即直接材料总成本随产量的增加而增加,因此,材料成本属于变动成本。

第二步:分析固定成本与产量的关系

根据业务资料展开认真的分析,得出:折旧费总额不随产量的增减变动而变动,单位产品折旧费用随着产量的增加呈递减的状态。

分析:从表 1-1 中可以看出,当产量分别为 1 000 件、2 000 件、3 000 件和 4 000 件时,折旧费均为 10 000 元,单位产品折旧费用分别为 10 元、5 元、3.33 元和 2.5 元,即固定成本总额不随产量的增减变动而变动;单位产品折旧费随产量的增减变动而呈反比例变动,也就是说产量的增加会导致单位产品负担的固定成本下降,反之亦然。因此,固定成本总额不随产量的增减变动而变动,单位产品所负担的固定成本与产量呈反比关系。若以 a 表示固定成本,x 表示业务量,a/x 表示单位业务量所负担的固定成本,则上述固定成本的性态,具体用图示表示,总折旧费用(固定成本)的成本性态见图 1-7,单位折旧费用(单位固定成本)的成本性态见图 1-8 所示。

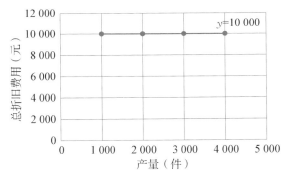

图 1-7　总折旧费用(固定成本)的成本性态

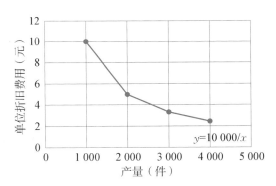

图 1-8　单位折旧费用(单位固定成本)的成本性态

第三步:分析变动成本与产量的关系

根据业务资料展开认真的分析,得出:直接材料总成本随产量的增加而增加,单位材料成本不随着产量的增减而变动。

分析:从表 1-2 中可以看出,当产量分别为 1 000 件、2 000 件、3 000 件和 4 000 件时,材料总成本分别为 20 000 元、40 000 元、60 000 元和 80 000 元,单位成本均为 20 元,即直接材料总成本随产量的增加而增加,而单位材料成本不随产量的增减变动。即直接材料总成本随产量的增减而呈正比例变动,单位材料成本不随着产量的增减而变动,也就是说产量的增加会导致变动成本增加,反之亦然。因此,变动成本总额随产量的增减而变动,单位产品所负担的变动成本不随着产量的增减而变动。如果以 x 表示业务量，b 表示单位变动成本，y 表示变动成本总额，则上述变动成本的性态，具体用图示表示，材料总成本（变动成本）的成本性态见图 1-9 所示，单位材料成本（单位变动成本）的成本性态见图 1-10 所示。

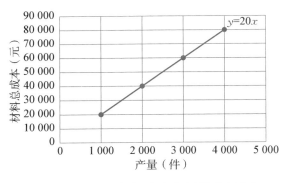

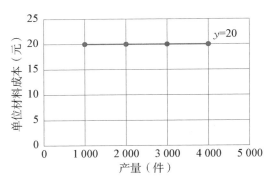

图 1-9 材料总成本（变动成本）的成本性态   图 1-10 单位材料成本（单位变动成本）的成本性态

第四步：分析总成本与产量的关系

根据业务资料展开认真的分析，得出：当固定成本总额不变的情况下，随着业务量的增加变动成本总额也随之增加，从而总成本也随之增加。

分析：从表 1-1 和表 1-2 中看出，当折旧费用总额不变，金额为 10 000 元，产量分别为 1 000 件、2 000 件、3 000 件和 4 000 件时，材料总成本分别为 20 000 元、40 000 元、60 000 元和 80 000 元，单位成本均为 20 元，即直接材料费总额（变动成本总额）随产量的增加而增加，则总成本也会随之增加。根据总成本的计算公式，编制总成本计算表，见表 1-3 所示。

表 1-3

总成本表

202×年 7 月

编制单位：上海艺心工艺品有限公司
产品名称：玻璃工艺品

单位：元

产量(件)	折旧费	单位变动成本	总成本
1 000	10 000.00	20.00	30 000.00
2 000	10 000.00	20.00	50 000.00
3 000	10 000.00	20.00	70 000.00
4 000	10 000.00	20.00	90 000.00

具体用图示表示，总成本的成本性态见图 1-11 所示。

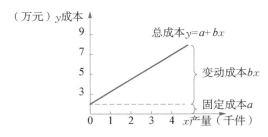

图 1-11 总成本的成本性态

四、要点提示

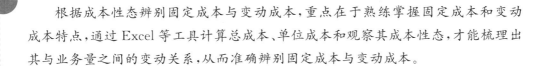

　　根据成本性态辨别固定成本与变动成本,重点在于熟练掌握固定成本和变动成本特点,通过 Excel 等工具计算总成本、单位成本和观察其成本性态,才能梳理出其与业务量之间的变动关系,从而准确辨别固定成本与变动成本。

? 问题情境

　　假设你是某奶茶店会计,根据年度经营工作重点,要在保质保量的基础上有效控制与降低成本。为此,需要将成本按照其性态分解成固定成本和变动成本,你应如何准确界定呢?

解析思路:辨别固定成本或变动成本时,需要理出固定成本与业务量的关系、变动成本与业务量的关系,才能辨别出固定成本与变动成本。固定成本总额不随业务量的增减变动而变动,单位产品所负担的固定成本与业务量呈反比关系;变动成本总额随业务量的增减呈现正比关系,单位产品所负担的变动成本不随着业务量的增减而变动。

五、学习结果评价

　　通过本项目职业能力的学习,应掌握以下技能,按照此评价表对辨别管理会计中成本分类的结果评价,见表 1 - 4 所示。

表 1 - 4　　　　　　　　**辨别管理会计中成本分类的学习结果评价表**[①]

序号	评价内容	评价标准	评价分值
1	辨别固定成本、变动成本	认真仔细、准确判断固定成本	5 分
		认真仔细、准确判断变动成本	5 分
2	分析固定成本与产量的关系	精准确认单位固定成本	10 分
		分析固定成本与产量的关系	10 分
		绘制固定成本和产量关系图	10 分
		绘制单位固定成本和产量关系图	10 分

① 注:评价表的设计与使用原则如下:评价表是根据职业能力要求掌握的知识与技能的重难点、关键操作点来设计的,按照操作步骤分步计算与分析企业经济事项的过程分解形成相应的评价内容与评价标准。教学中可通过学生自评、小组互评,结合教师评价得出该过程性评价的评价结果。

续表

序号	评价内容	评价标准	评价分值
3	分析变动成本与产量的关系	精准确认单位变动成本	10 分
		分析变动成本与产量的关系	10 分
		绘制变动成本和产量关系图	10 分
		绘制单位变动成本和产量关系图	10 分
4	分析总成本与产量的关系	分析总成本与产量的关系	5 分
		绘制总成本和产量的关系图	5 分

📖 课后作业

一、业务描述

上海星辰文具有限公司 202×年 1—8 月圆珠笔的产量及其计件工资成本资料如表 1-5 所示。(假设不考虑其他税费。该公司成本会计岗位人员王华,财务主管林芳。)

表 1-5

计件工资表

202×年 8 月

编制单位:上海星辰文具有限公司
产品名称:圆珠笔

月份	产量(支)	成本(元)
1	3 500	1 750.00
2	3 350	1 675.00
3	3 650	1 825.00
4	3 540	1 770.00
5	3 450	1 725.00
6	3 460	1 730.00
7	3 386	1 693.00
8	3 580	1 790.00

制表人:王华　　　　　　　　　　　　　　　　　　　　　　　　　复核人:林芳

二、作业要求

根据上述业务资料,请作出以下会计职业判断:

(1)辨别计件工资成本是固定成本还是变动成本,并说明理由;

(2)分析固定成本与产量的关系;

(3)分析变动成本与产量的关系;

(4)分析总成本与产量的关系。

职业能力2　能运用高低点法计算分解混合成本

核心概念

混合成本　半变动成本　半固定成本　高低点法

学习目标

- 会辨别固定成本、变动成本与混合成本；
- 会辨别半变动成本、半固定成本、延期变动成本和曲线变动成本；
- 能运用高低点法计算分解混合成本；
- 能根据固定成本、变动成本特性细致认真划分固定成本、变动成本与混合成本，养成不随意划分成本，遵循岗位工作要求的习惯。

基本知识

一、混合成本

混合成本是指总额随业务量变动但不呈正比例变动的成本，即指那些"混合"了固定成本和变动成本两种不同性质的成本。根据其发生的具体情况，通常可以分为半变动成本、半固定成本、延期变动成本和曲线变动成本等，如图1-1所示。本教材只介绍半变动成本与半固定成本。

半变动成本，其特征是通常有基数部分，不随业务量的变化而变化，体现固定成本性态；但在基数部分以上，则随业务量的变化而成比例地变化，又呈现出变动成本性态。企业的公用事业费，如电话费、电费、水费等，以其中的电话费为例，电话费一般有一个基本费用，在此基础上随着拨打电话次数的增加而增加，这样的费用就是半变动成本。同理，电费、水费等均属于半变动成本。具体见图1-12所示。

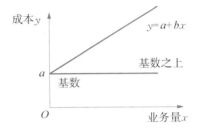

图1-12　半变动成本性态

半固定成本，又称阶梯式混合成本，其特征是在一定业务量范围内其发生额的数量是不变的，体现固定成本性态；但当业务量的增长达到一定限额时，其发生额会突然跃升到一个新的水平；然后在业务量增长的一定限度内（即一个新的相关范围内），其发生额的数量又保持不变,直到另一个新的跃升为止。具体见图 1 - 11 所示。

二、混合成本的分解

如果特定成本是一项混合成本,就需要运用一定的方法分析成本与业务量之间的关系,并建立相应的成本函数模型。在各类混合成本中,最容易用简单方程式来描述的是半变动成本,可以用 $y = a + bx$ 来表达。在特定业务量范围内,任何混合成本都可以近似看成是半变动成本,都用 $y = a + bx$ 来表达。当然,所得结果与实际成本性态会有一定的差别,但用于管理决策的数据并不要求十分精确,只要其误差不影响决策的结果,就不会妨碍模型的使用。

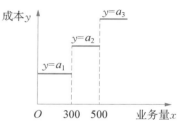

图 1 - 13 半固定成本性态

由于产品的总成本是由各种性态的成本组合而成的,亦可将它看成是混合成本。因此,成本的分析不仅包括介乎于固定成本、变动成本之间的混合成本分析,还包括产品总成本的分析。

三、高低点法

产品总成本中不少耗费是以混合成本形式存在的。在企业实践管理中,为了更好地规划和控制企业的经济活动,必须把产品总成本简单划分为固定成本与变动成本两部分,而对于无法直接划分为固定成本与变动成本的混合成本,应先将其性质相近的汇总在一起,再采用适当的方法将其成本中固定成本与变动成本两种因素分解出来,分别纳入固定成本和变动成本两种成本中,这个工作过程叫做混合成本的分解。

高低点法是以某一特定期间内最高业务量(最高点)的混合成本与最低业务量(最低点)的混合成本之差,除以最高与最低业务量之差,先求出单位变动成本的值,再据以分解出混合成本中变动部分与固定部分的方法。具体来说,高低点法混合成本模型见图 1 - 14 所示。

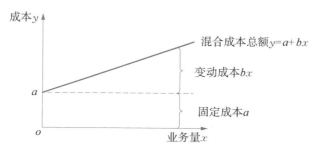

图 1 - 14 高低点法混合成本模型

由于收集的历史数据位于一个相关范围内,因而可以假定成本与产量之间存在线性关系,用 y 表示混合成本,x 表示业务量,即可用 $y = a + bx$ 来表示。根据成本性态可知:a 是固定成本,b 是单位变动成本,在相关范围内也是一个常数,则变动成本总额随业务量的变化而变化。高低点法分解混合成本的步骤见图 1 - 15 所示。

确定最高点、最低点 ➡ 计算单位变动成本和固定成本 ➡ 确定混合成本模型

图 1 - 15 高低点法分解混合成本的步骤

　　在工作中用高低点法分解混合成本所用到的成本管理工具如下：

$$单位变动成本=\frac{最高点业务量的成本-最低点业务量的成本}{最高点业务量-最低点业务量}$$

$$固定成本=最高(低)点业务量的成本-单位变动成本\times 最高(低)点业务量$$

能力训练

一、业务描述

　　上海艺心工艺品有限公司生产一种工艺品产品，该公司202×年度1—12月份机器设备维修工时与维修费用的资料如表1-6所示。（假设不考虑其他税费。本公司成本会计岗位人员李玉，财务主管张翼。）

表1-6　　　　　　　　　　　　　　　维修费用表
202×年度

编制单位：上海艺心工艺品有限公司
产品名称：玻璃工艺品　　　　　　　　　　　　　　　　　　　　　　　单位：元

月份	机器工时（小时）	维修费用（元）
1	9 000	3 000.00
2	8 000	2 600.00
3	9 000	2 900.00
4	10 000	3 200.00
5	12 000	3 400.00
6	14 000	4 000.00
7	11 000	3 300.00
8	11 000	3 300.00
9	13 000	3 500.00
10	8 000	2 600.00
11	6 000	2 000.00
12	7 000	2 300.00

制表人：李玉　　　　　　　　　　　　　　　　　　　　　　　　　复核人：张翼

二、工作要求

　　根据以上资料，请帮助李玉运用高低点法计算分解混合成本，并建立成本模型。

三、工作过程

　　根据以上业务资料，分解混合成本建立成本模型：首先从维修费用在相关范围内的变动情况中，找出最高点业务量与最低点业务量的发生数，对应找到最高点成本与最低点成本的发生数；其次用高低点法计算公式算出单位变动成本(b)和固定成本(a)，对混合成本维修费用进行分解；最后归纳出成本模型。

第一步：确定最高点、最低点

根据表1-6资料，最高点：6月份（14 000，4 000）、最低点：11月份（6 000，2 000）。

第二步：计算单位变动成本和固定成本

先求单位变动成本：

$$b = \frac{4\,000 - 2\,000}{14\,000 - 6\,000} = 0.25（元／机器小时）$$

再将b与最高点成本或最低点成本代入公式求出固定成本：

$a = y - bx = 4\,000 - 0.25 \times 14\,000 = 500（元）$

或 $a = 2\,000 - 0.25 \times 6\,000 = 500（元）$

第三步：确定混合成本模型

通过以上计算，该企业在对混合成本维修费用进行分解后，可以归为下列成本模型：

$$y = 500 + 0.25x$$

需要注意的是，这一模型只适用于业务量在6 000～14 000小时的相关范围。

高低点法的主要优点就是运用简便，但它仅以最高和最低两点决定成本性态，未考虑其他数据对方程的影响，因而缺乏代表性。所以，这种方法通常只适用于各期成本变动趋势较稳定、不含有任何不正常状态的情况。如果各期成本波动较大，仅以最高和最低两点的成本代表所有成本的特性，则会出现较大的计算误差。

四、要点提示

灵活运用高低点法分解混合成本，确定混合成本模型，重点在于找到高低点，运用高低点来计算单位变动成本和固定成本；这种方法通常只适用于各期成本变动趋势较稳定、不含有任何不正常状态的情况。

? 问题情境一

假设你是某奶茶店会计，经理需要知道本月生产的新品柠檬奶茶的成本，以便于分析控制成本，需要你根据财务数据辨析出固定成本、变动成本及混合成本后，运用高低点法分解混合成本。在确定最高点和最低点计算单位变动成本和固定成本时，如果其业务量的最高点不一定对应成本最高、业务量的最低点不一定对应成本最低，应怎样确定最高点与最低点呢？

解析思路:确定最高点和最低点计算单位变动成本和固定成本时,有时企业业务量的最高点不一定对应成本最高,业务量的最低点不一定对应成本最低,这时就要以业务量为主对应的最高点与最低点的成本,来确定最高点与最低点。

❓ 问题情境二

假设你是某奶茶店会计,在工作中你发现运用高低点法分解混合成本建立成本模型分析成本的结果可能出现偏差,其原因是什么? 我们应怎样做才能尽量避免出现偏差?

解析思路:在运用高低点法分解混合成本建立成本模型时,可能出现确定的成本模型分析偏差,原因在于用最高点与最低点计算的成本确定模型,只是2个点来确定的,结果有偏差且不具有代表性。因此,此方法只适用于业务量在最高点至最低点的相关范围内分析成本,才能尽量避免其结果出现偏差。

五、学习结果评价

通过本项目职业能力的学习,应掌握以下技能,按照此评价表对运用高低点法计算分解混合成本的结果进行评价,见表1-7所示。

表1-7 用高低点法计算分解混合成本评价表

序号	评价内容	评价标准	评价分值
1	确定高低点	找出最高点的业务量	10 分
		找出最高点的成本	10 分
		找出最低点的业务量	10 分
		找出最低点的成本	10 分
2	计算单位变动成本和固定成本	计算单位变动生产成本	25 分
		计算固定成本	25 分
3	确定混合成本模型	建立成本模型	10 分

📋 课后作业

一、业务描述

上海呗呗熊童车有限公司202×年度1~6月份机器设备维修的人工工时与维修费用的资料如表1-8所示。(假设不考虑其他税费。本公司记账员李军,会计主管华辉。)

表 1-8　　　　　　　　　　　　　**维修费用表**
202×年度

编制单位:上海呗呗熊童车有限公司
产品名称:双轮童车
单位:元

月份	机器设备维修直接人工(小时)	维修费用
1	5 500	745.00
2	7 000	850.00
3	5 000	700.00
4	6 500	820.00
5	7 500	960.00
6	8 000	1 000.00

制表人:李军　　　　　　　　　　　　　　　　　　　　　　　　　　　　复核人:华辉

二、作业要求

根据以上资料,帮助财务部李军确定最高点和最低点、建立成本模型,以便于企业进行盈利能力分析。具体要求如下:

(1) 写出计算分解混合成本维修费用的步骤;

(2) 根据以上企业资料,确定最高点和最低点;

(3) 计算单位变动成本(b)和固定成本(a),及总成本;

(4) 通过以上计算,在对该企业混合成本维修费用进行分解后,归纳出成本模型,并画出成本模型图。

工作任务二
运用变动成本法编制利润表

职业能力1　能计算变动成本法下的成本

核心概念

变动成本法　变动生产成本　变动非生产成本　固定生产成本　固定非生产成本

学习目标

- 能计算变动生产成本、变动非生产成本；
- 能计算固定生产成本、固定非生产成本；
- 能计算产品成本、期间成本；
- 能运用变动成本法计算成本，快速筛选出适用的应用工具，具备认真仔细、精益求精的计算分析能力。

基本知识

一、变动成本法的概念

变动成本法是指企业以成本性态分析为前提条件，将成本划分为固定成本、变动成本，即仅将生产过程中消耗的变动生产成本作为产品成本的构成内容，而将固定生产成本和非生产成本作为期间成本，直接由当期收益予以补偿的一种成本管理方法。

二、变动成本法下的成本构成

一个生产加工企业的成本列支由生产成本与非生产成本构成。在变动成本法下，按照成本性态，企业的生产成本分为变动生产成本和固定生产成本，非生产成本分为变动非生产成本和固定非生产成本。其中，只有变动生产成本才构成产品成本，其随产品实体的流动而流动，随产量变动而变动。变动成本包括变动生产成本和变动非生产成本两部分，固定成本包括固定生产成本和固定非生产成本两部分。具体见图1-16所示。

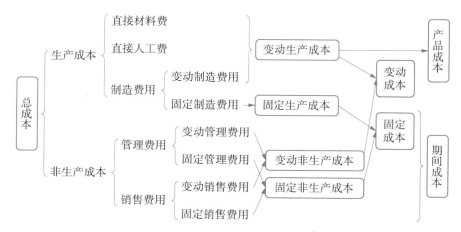

图1-16　变动成本法下的成本构成

变动成本：业务量在一定范围内增减，成本总额发生相应的正比例变动，而单位成本不受业务量变动的影响而保持不变。变动成本包括变动生产成本和变动非生产成本。

变动生产成本：由企业生产产品中的直接材料费、直接人工费及变动制造费用构成。单位变动生产成本是由企业生产一单位产品的直接材料费、直接人工费及变动制造费用构成，即单位产品成本，不包括固定制造费用。

变动非生产成本：变动销售费用，是指为销售产品而发生的费用中与销售量有关，会随着销售量的增减而变动的销售费用。变动管理费用，是指随着人数、使用次数或使用数量变化的管理费用（如电话订货费）。

固定成本：业务量在一定范围内增减，成本总额保持不变，而单位成本则随着业务量的增加而相对减少。固定成本包括固定生产成本和固定非生产成本。

固定生产成本：即固定制造费用，是为企业提供一定的生产经营条件而发生的，与产品的实际生产没有直接联系，不会随着业务量的增减而增减的制造费用。

固定非生产成本：由销售费用、管理费用构成。销售费用中有随销售量变化的销售费用与不随销售量变化的销售费用。不随销售量变化的销售费用属于固定销售费用，是指为销售产品而发生的费用中与销售量无关，不会随着销售量的增减而变动的销售费用。同理，管理费用中不随业务量（生产量）变化的管理费用就是固定管理费用，随业务量变化的管理费用就是变动管理费用。

如果以坐标系表示成本与成本关系图，来厘清生产加工企业的变动成本、固定成本、总成本之间的逻辑关系，具体见图1-17所示。

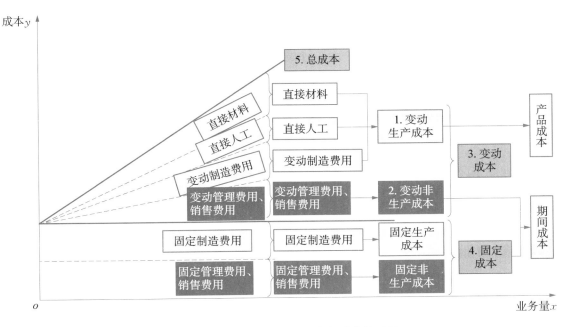

图 1 - 17 变动成本法下的成本与成本关系图

三、变动成本法下的成本计算工具

在工作中运用变动成本法计算成本，所用到的《管理会计应用指引》的相关应用工具如下：

1. 变动生产成本

公式 1：变动生产成本＝直接材料费＋直接人工费＋变动制造费用

公式 2：单位产品变动生产成本（产品存货的成本构成）＝单位直接材料费＋单位直接人工费＋单位变动制造费用

公式 3：变动生产成本＝（单位直接材料费＋单位直接人工费＋单位变动制造费用）×业务量＝单位变动生产成本×业务量

2. 变动非生产成本

公式 1：变动非生产成本＝变动管理费用＋变动销售费用

公式 2：单位变动非生产成本＝单位变动管理费用＋单位变动销售费用

公式 3：变动非生产成本＝（单位变动管理费用＋单位变动销售费用）×业务量＝单位变动非生产成本×业务量

3. 变动成本

公式 1：变动成本＝变动生产成本＋变动非生产成本

公式 2：变动成本＝变动生产成本＋变动管理费用＋变动销售费用＝（单位变动生产成本＋单位变动非生产成本）×业务量

公式3:单位产品变动成本＝单位产品变动生产成本＋单位产品变动非生产成本

4. 固定成本

公式1:固定成本＝固定生产成本＋固定非生产成本

公式2:固定成本＝固定生产成本＋固定管理费用＋固定销售费用

5. 总成本

公式:总成本＝变动成本＋固定成本

企业经常会用变动成本法来计算产品成本,利用数据分析企业产品成本与期间成本,以达到控制成本的目的。

能力训练

一、业务描述

上海白奶茶总店对旗下上海徐汇区白奶茶店的生产经营情况做调研,财务部王丽通过实地调研,对该店7月制作珍珠奶茶的成本、采购情况及生产经营情况调研结果如下:

本店共有4人,店长作为管理人员月工资3500元,其余三名普通店员负责制作奶茶。

制作一标准杯珍珠奶茶所需费用如下:

材料费用:菱粉80克,每克0.01元;黑糖50克,每克0.01元;牛奶200毫升,每100毫升0.5元;淡奶油40克,每克0.02元;细砂糖30克,每克0.01元;红茶包1个,每包0.6元。

其他费用:按照制作工艺流程制作珍珠、红茶冲煮、牛奶与红茶按比例混合搅拌操作,每制作一杯珍珠奶茶人员工资2元,杯子0.1元/个,水电费按0.4元/杯进行分配。

销售费用:在销售过程中制作海报及广告宣传费用4000元。

该店铺月租金6000元。本月制作并销售1000杯珍珠奶茶,单价30元/杯。(假设不考虑其他税费。本店成本核算员王丽,会计李娜。)

二、工作要求

请根据以上资料,帮助成本核算员王丽用变动成本法对产品成本进行计算分析,以便于控制成本,具体如下:

(1)计算制作一标准杯珍珠奶茶所需材料费用、人工费用、水电费用分别是多少。

(2)计算7月生产并销售珍珠奶茶总成本是多少,运用Excel等工具编制成本计算表。

(3)运用变动成本法计算分析产品成本及期间成本。

三、工作过程

根据业务资料运用变动成本法计算产品成本及期间成本,分析企业产品的成本构成。首先计算单位变动生产成本,其次计算珍珠奶茶总成本,最后计算分析产品成本及期间成本。

第一步:计算制作一标准杯珍珠奶茶的单位变动生产成本

即计算制作一标准杯珍珠奶茶所需材料费、人工费、水电费,过程如下:

单位材料费用=80×0.01+50×0.01+2×0.5+40×0.02+30×0.01+1×0.6=4(元/杯)

单位人工费用=2(元/杯)

单位水电费及杯子=0.4+0.1=0.5(元/杯)

单位变动生产成本=4+2+0.5=6.5(元/杯)

第二步:计算7月生产并销售珍珠奶茶总成本,用Excel等工具编制成本计算表

珍珠奶茶总成本=6.5×1000+6000+3500+4000=20000(元)

运用Excel等工具编制成本计算表,见表1-9所示。

表1-9

成本计算表

202×年7月

编制单位:上海徐汇区白奶茶店

产品名称:珍珠奶茶

单位:元

成本项目	业务量	单位成本	总成本
制作销售	1000		
制作一标准杯珍珠奶茶所需材料费用		4.00	4 000.00
制作一标准杯珍珠奶茶的工资		2.00	2 000.00
制作一标准杯珍珠奶茶的水电费及杯子		0.50	500.00
店铺租金			6 000.00
店长工资			3 500.00
制作海报及广告宣传费用			4 000.00
合计			20 000.00

制表人:王丽

复核人:李娜

第三步:计算分析产品成本及期间成本

计算过程如下:

单位产品成本=单位变动生产成本=4+2+0.5=6.5(元)

变动生产成本=单位变动生产成本×销售数量=6.5×1000=6500(元)

或:变动生产成本=直接材料费+直接人工费+变动制造费用=4000+2000+500=6500(元)

变动非生产成本=0(元)

产品成本=变动生产成本=6500(元)

固定生产成本=固定制造费用=6000(元)

固定非生产成本=固定管理费用+固定销售费用=3500+4000=7500(元)

期间成本=固定生产成本+固定非生产成本+变动非生产成本=6000+7500+0=

13 500（元）

或:期间成本＝6 000＋3 500＋4 000＝13 500（元）

产品总成本＝变动成本＋固定成本

＝（6 500＋0）＋13 500＝20 000（元）

成本分析如下:

根据计算结果,本奶茶店的变动生产成本由直接材料费、直接人工费和变动制造费用构成,为 6 500 元,即产品成本。期间成本包含固定成本和变动非生产成本,即固定制造费用、固定管理费用、固定销售费用和变动非生产成本,其中变动非生产成本为 0,则期间成本合计为 13 500 元,总成本为 20 000 元。具体见图 1 - 18 所示。

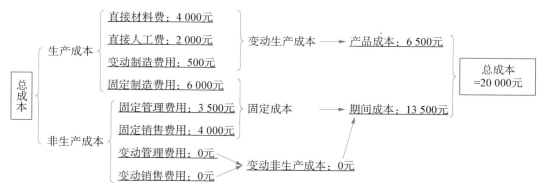

图 1 - 18　变动成本法下的成本构成分析

如用坐标系表述变动成本法下各项成本关系分析,具体见图 1 - 19 所示。

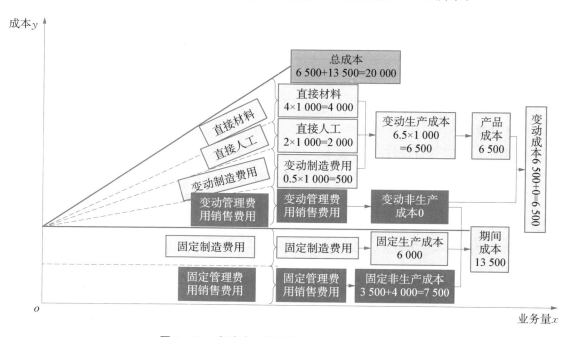

图 1 - 19　变动成本法下的各项成本关系分析图

四、要点提示

> 运用变动成本法计算产品成本与期间成本时,注意固定成本计入期间成本不计入产品成本,产品成本只包含变动生产成本,变动非生产成本与固定成本一并计入期间成本。

运用变动成本法计算成本的注意事项及策略具体见表 1 - 10 所示。

表 1 - 10　　　　　　　　　　　　运用变动成本法计算成本的注意事项及策略

序号	注意事项	具体操作	岗位要求
1	区别产品成本的构成与期间成本的构成	产品成本=直接材料费+直接人工费+变动制造费用=变动生产成本 期间成本=固定生产成本+固定非生产成本+变动非生产成本=固定制造费用+销售费用+管理费用	产品成本与期间成本构成区分清晰,计算公式运用熟练
2	区别期间成本中的变动销售费用与固定销售费用,计入不同成本(区分管理费用时同理)	变动销售费用会随着销售量的增减变动而增加或减少,属于变动非生产成本计入期间成本。固定销售费用不会随着销售量的增减变动而增加或减少,属于固定非生产成本计入固定成本,最终也归集为期间成本	变动销售费用与固定销售费用构成区分清晰,计算公式运用熟练
3	要明确区分变动生产成本和变动成本	(1) 变动生产成本=(单位直接材料+单位直接人工+单位制造费用)×业务量=单位变动生产成本×业务量 (2) 变动成本=变动生产成本+变动非生产成本 或:变动成本=变动生产成本+变动管理费用+变动销售费用=(单位变动生产成本+单位变动非生产成本)×业务量	熟悉运用变动生产成本和变动成本的计算公式
4	要明确区分单位产品变动生产成本和单位产品变动成本	(1) 单位产品变动生产成本=单位直接材料+单位直接人工+单位制造费用(单位产品变动生产成本是指产品存货的成本构成) (2) 单位产品变动成本=单位产品变动生产成本+单位产品变动非生产成本	熟悉运用单位产品变动生产成本和单位产品变动成本的计算公式

❓ 问题情境一

假设你是某奶茶店会计,在运用相关成本资料与财务报表分析控制成本时,用变动成本法计算分析成本,当出现产品成本与期间成本计算错误的现象,你认为产生错误的原因可能是什么? 避免错误应注意什么?

解析思路:产生错误的原因可能是将变动制造费用与固定制造费用概念混淆;注意要将变动制造费用计入到变动生产成本,即产品成本,将固定制造费用计入固定成本,与变动非生产成本一并计入期间成本。具体见图 1 - 20 所示。

图 1‒20　产品成本与期间成本混淆的问题分析示意

五、学习结果评价

通过本项目职业能力的学习,应掌握以下技能,按照此评价表对运用变动成本法计算成本结果进行评价,见表 1‒11 所示。

表 1‒11　　　　　　　　运用变动成本法计算成本评价表

序号	评价内容	评价标准	评价分值
1	计算制作一标准杯珍珠奶茶的单位变动生产成本	计算单位产品材料费用	10 分
		计算单位产品人工费用	10 分
		计算单位产品变动制造费用	10 分
2	计算奶茶总成本,运用 Excel 等工具编制成本计算表	计算总成本	10 分
		运用 Excel 等工具编制成本计算表	20 分
3	计算并分析产品成本及期间成本	计算产品成本	10 分
		计算期间成本	10 分
		图解分析	20 分

课后作业

一、业务描述

上海嘻嘻食品公司 202×年 8 月份生产销售一批新款柚子茶,公司管理层要分析新款柚子茶生产盈利情况,财务部门对接各个相关部门的生产销售情况统计如下:

生产车间:生产一罐柚子茶需柚子皮 12 克,每克 0.5 元;砂糖 20 克,每克 0.02 元;蜂蜜 80 克,每克 0.02 元。定制一批包装瓶用于包装柚子茶,包装瓶按 5 元/罐分配;共有 40 名生产人员,按照 3 元/罐计算计件工资;在生产过程中所耗费的水电费等间接费用按 1 元/罐分配。厂房月租金为 4 000 元。

管理部门:有 1 名管理人员月工资为 4 000 元。

销售部门:为开拓新产品销售市场,支付广告费及摊位费每月为 5 000 元,包装费为每销售一罐 0.5 元。销售单价为 40 元/罐。本月生产销售情况见表 1 - 12 所示。(假设不考虑其他税费。本公司成本会计岗位人员黄英,会计主管刘新。)

表 1 - 12

产销量明细表

202×年 8 月 31 日

编制单位:上海嘻嘻食品公司

产品名称:柚子茶

单位:罐

项目	数量	小计
期初存货	0	0
本期生产	650	650
本期销售	600	600
期末存货	50	50

制表人:黄英

复核人:刘新

二、作业要求

请根据以上资料,帮助财务部成本会计黄英运用变动成本法对产品成本进行计算分析。具体要求如下:

(1) 计算制作一罐柚子茶所需材料费、人工费分别是多少;

(2) 计算 8 月生产并销售柚子茶总成本是多少;

(3) 运用 Excel 等工具编制成本计算明细表;

(4) 运用变动成本法计算分析产品成本及期间成本;

(5) 总结运用变动成本法计算产品成本及期间成本的要点、工作过程中易错事项。

职业能力 2　能运用变动成本法编制利润表

核心概念

边际贡献　单位边际贡献　边际贡献总额　息税前利润

学习目标

• 能计算并确定边际贡献;

• 能计算并确定息税前利润;

• 能运用 Excel 等工具以变动成本法编制利润表;

• 能筛选出适用的应用工具,细心计算边际贡献总额与息税前利润,具备认真细致、精益求精的岗位精神；

• 能熟练运用 Excel 等工具运用变动成本法精心编制出简明、实用的利润表,具备在工作岗位上严格要求自己、努力钻研的爱岗敬业精神。

📖 基本知识

一、与息税前利润相关的概念

边际贡献,是指产品的销售收入大于其变动成本的金额,也称为贡献毛益。边际贡献首先用于弥补固定成本,弥补后的余额为企业利润。边际贡献有两种表现形式:单位边际贡献和边际贡献总额。

单位边际贡献,是指单位售价与其单位变动成本之间的差额,即每增加一个单位产品销售可为企业提供的边际利润。

边际贡献总额,是指销售收入总额与其变动成本总额之间的差额。它是评价企业盈利能力的重要指标。

息税前利润,是指支付利息和所得税之前的利润,通俗地说就是不扣除利息也不扣除所得税的利润,也就是在不考虑利息的情况下在缴纳企业所得税前的利润。用变动成本法计算其数值,等于边际贡献扣除固定成本后的差额,即销售收入扣除变动成本后的差额再扣除固定成本的余额。

在运用变动成本法计算利润表各项目时,要先把全部成本分为变动成本和固定成本、混合成本,再将混合成本分解后分别归属于变动成本和固定成本。不仅如此,还要对产品销售成本和管理成本按成本性态进行分类,而不是将它们简单地划归为期间成本。具体见表 1-13 所示。

表 1-13　　　　　　　　　　变动成本法息税前利润的计算项目

项目		
销售收入		
减:变动成本	变动生产成本	直接材料
		直接人工
		变动制造费用
	变动非生产成本	变动销售费用、变动管理费用
边际贡献总额		
减:固定成本	固定生产成本	固定制造费用
	固定非生产成本	固定管理费用
		固定销售费用
息税前利润		

二、变动成本法计算息税前利润的工具

根据《管理会计应用指引》等相关规定,用变动成本法计算息税前利润,所用到的工具如下:

销售收入＝销售数量×销售单价

边际贡献总额＝销售收入－变动成本

息税前利润＝边际贡献总额－固定成本＝边际贡献总额－(固定生产成本＋固定非生产成本)

企业经常会用变动成本法计算边际贡献总额、息税前利润,利用数据分析企业经营利润,以达到控制成本的目的。

 能力训练

一、业务描述

业务资料沿用"职业能力1　能计算变动成本法下的成本"的"能力训练"资料,即上海徐汇区白奶茶店资料。

二、工作要求

根据以上资料,请帮助成本核算员王丽用变动成本法对产品成本进行计算分析,以达到控制成本的目的。具体如下:

(1) 运用 Excel 等工具编制生产成本与销售成本的成本分解表;

(2) 计算边际贡献总额;

(3) 计算息税前利润;

(4) 运用 Excel 等工具以变动成本法编制利润表。

三、工作过程

根据业务资料运用变动成本法计算边际贡献总额及息税前利润,分析企业产品的成本构成及息税前利润。首先运用 Excel 等工具编制成本分解表,其次计算分析边际贡献总额及息税前利润,最后运用 Excel 等工具以变动成本法编制利润表。

第一步:编制成本分解表

具体操作见表 1 - 14 所示。

表 1-14   **成本分解表**
                    202×年 7 月

编制单位:上海徐汇区白奶茶店
产品名称:珍珠奶茶   单位:元

项目	金额
单位变动生产成本	6.50
其中:直接材料费	4.00
直接人工费	2.00
变动制造费用	0.50
单位变动非生产成本(即:单位变动销售管理费用)	0.00
变动成本	**6 500.00**
固定生产成本	6 000.00
其中:固定制造费用	6 000.00
固定非生产成本	7 500.00
其中:固定管理费用	3 500.00
固定销售费用	4 000.00
固定成本	**13 500.00**

制表人:王丽   复核人:李娜

第二步:计算分析边际贡献总额、息税前利润

计算过程如下:

销售收入=销售数量×销售单价=1 000×30=30 000(元)

边际贡献总额=销售收入-变动成本=30 000-6 500=23 500(元)

息税前利润=边际贡献总额-固定成本=边际贡献总额-(固定生产成本+固定非生产成本)=23 500-13 500=10 000(元)

成本分析如下:

根据计算结果,变动成本法下的边际贡献总额是销售收入扣除变动成本后的余额23 500 元,息税前利润是边际贡献总额扣除固定成本的余额 10 000 元,因此,企业要想在保证质量的基础上增加息税前利润可能的途径有:增加销售量、降低固定成本或变动成本。

第三步:运用 Excel 等工具以变动成本法编制利润表

运用 Excel 等工具以变动成本法编制利润表,具体结果见表 1-15 所示。

表 1-15

利润表（变动成本法）

202×年 7 月

编制单位:上海徐汇区白奶茶店

产品名称:珍珠奶茶

单位:元

项目	金额
销售收入	**30 000.00**
减:变动成本	6 500.00
其中:变动生产成本	6 500.00
变动非生产成本	0.00
边际贡献总额	**23 500.00**
减:固定成本	13 500.00
其中:固定生产成本(固定制造费用)	6 000.00
固定非生产成本(固定管理费用 + 固定销售费用)	7 500.00
息税前利润	**10 000.00**

制表人:王丽　　　　　　　　　　　　　　　　　　　　　　　　　　复核人:李娜

四、要点提示

　　运用变动成本法计算边际贡献总额时,要注意不能混淆变动成本与固定成本;计算息税前利润时,要注意不能混淆边际贡献总额与息税前利润的计算顺序。

　　运用变动成本法编制利润表的注意事项及策略,具体见表 1-16 所示。

表 1-16　　　　　　　　运用变动成本法编制利润表的注意事项及策略

序号	注意事项	具体操作	岗位要求
1	运用 Excel 等工具编制生产成本与销售成本的成本分解表时,注意设置表格项目完整,不要遗漏关键项目内容:生产量、销售量、期初及期末存货、变动成本、固定成本等项目	按照顺序设置: (1) 期初存货、本期生产、本期销售、期末存货 (2) 单位变动生产成本、单位变动非生产成本、变动成本 (3) 固定生产成本、固定非生产成本、固定成本	熟练运用 Excel 等工具编制成本分解表,准确计算每一步骤的金额
2	运用成本管理工具计算边际贡献时,注意不能混淆变动成本与固定成本;计算息税前利润时,注意不能混淆变动销售费用与固定销售费用	按照顺序设置: (1) 边际贡献总额 (2) 息税前利润	熟练运用公式计算边际贡献总额和息税前利润: 计算边际贡献时,要从销售收入中扣除变动成本,包括变动生产成本、变动销售费用、变动管理费用。计算息税前利润时,要从边际贡献中扣除固定成本,包括固定制造费用、固定销售费用、固定管理费用

续表

序号	注意事项	具体操作	岗位要求
3	运用 Excel 等工具以变动成本法编制利润表时,注意收入与变动成本、固定成本的逻辑关系,边际贡献总额与固定成本、息税前利润的逻辑关系	按照顺序设置: (1) 销售收入 (2) 减:变动成本 (3) 边际贡献总额 (4) 减:固定成本 (5) 息税前利润	熟练运用 Excel 等工具以变动成本法编制利润表,准确计算每一步骤的金额

？ 问题情境

假设你是某奶茶店会计,经理需要你提供内部经营分析的利润表,你决定运用变动成本法编制利润表分析企业盈利状况。但在计算边际贡献与财务会计报表中利润表的利润总额项目时出现了错误,均用收入总额减除总成本来计算,应怎样避免这种错误?

解析思路:计算边际贡献总额时,先将总成本分解为变动成本与固定成本,再用收入总额扣除变动成本,注意不扣除固定成本,固定成本计入期间成本;计算财务会计报表中利润表的利润总额时用收入总额扣除总成本,总成本包含变动成本及固定成本。具体见图 1-21 所示。

图 1-21 边际贡献总额与利润总额混淆的问题分析示意

五、学习结果评价

通过本项目职业能力的学习,应掌握以下技能,按照此评价表对以变动成本法编制利润表的结果进行评价,具体见表 1-17 所示。

表 1-17 以变动成本法编制利润表的评价表

序号	评价内容	评价标准	评价分值
1	编制成本分解表	计算单位变动生产成本	5分
		计算单位变动非生产成本	5分
		计算固定生产成本	5分

续表

序号	评价内容	评价标准	评价分值
		计算固定非生产成本	5分
		编制生产成本与销售成本分解表	10分
2	计算分析边际贡献总额、息税前利润	计算变动成本	10分
		计算固定成本	10分
		计算边际贡献总额	10分
		计算息税前利润	10分
		分析边际贡献总额、息税前利润	5分
3	运用 Excel 等工具以变动成本法编制利润表	计算销售收入	5分
		计算变动成本	5分
		计算边际贡献总额	5分
		计算固定成本	5分
		计算息税前利润	5分

课后作业

一、业务描述

业务资料沿用"职业能力 1 能计算变动成本法下的成本"的"课后作业"资料,即上海嘻嘻食品公司资料。

二、作业要求

根据相关资料,请帮助财务部成本会计岗位人员黄英以变动成本法编制 8 月生产销售柚子茶的利润表,以便于企业进行盈利能力分析。具体要求如下:

（1）运用 Excel 等工具编制成本分解表;

（2）计算边际贡献总额;

（3）计算分析息税前利润;

（4）运用 Excel 等工具以变动成本法编制利润表。

工作任务三
计算分析完全成本法与变动成本法税前利润差异

职业能力 1　能运用完全成本法和变动成本法编制年度利润表

核心概念

完全成本法　完全成本法与变动成本法的区别　变动成本法的核算程序

学习目标

- 能计算完全成本法下的税前利润；
- 能运用 Excel 等工具以完全成本法编制年度利润表；
- 能计算变动成本法下的税前利润；
- 能运用 Excel 等工具以变动成本法编制年度利润表；
- 熟练运用 Excel 等工具，采用适合的方法精心编制出简明、实用的年度利润表，具备在工作岗位上严格要求自己、努力钻研、爱岗敬业的精神。

基本知识

一、完全成本法与变动成本法概念的比较

变动成本法是管理会计分析成本的主要方法。通过对变动成本法和完全成本法不同角度的分析和对比，揭示出管理会计本质是决策，其中成本的归集强调相关性和当期性。

在完全成本法下，产品成本是由直接材料、直接人工和全部的制造费用组成的。产品成本不仅包括变动生产成本，也包括固定生产成本。这种产品成本的计算方法，称之为完全成本法或吸收成本法、全部成本法。

变动成本法是一种将直接材料、直接人工和变动制造费用作为产品生产成本，将固定制造费用作为期间成本的成本计算方法。在管理会计中，产品成本只包括变动生产成本，不包括固定生产成本。把固定生产成本当作期间成本，从当期的销售收入中一次性扣除。当然，

变动成本法的存货成本也不包括固定生产成本。

完全成本法是将变动生产成本和固定生产成本全部计入当期产品成本中,不需要划分固定生产成本和变动生产成本之间的界限,更不需要对混合成本进行分解,只需按照图1-22所示,将成本加以归总即可。

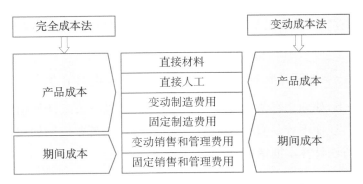

图 1-22　完全成本法和变动成本法的成本构成

二、完全成本法与变动成本法的区别

1. 应用的前提条件不同

变动成本法首先要求进行成本性态分析,把全部成本划分为变动成本和固定成本两大部分,尤其要把属于混合成本性质的制造费用按产量分解为变动性制造费用和固定性制造费用两部分。

完全成本法首先要求把全部成本按其发生的领域或经济用途分为生产成本和非生产成本。凡在生产领域中为生产产品发生的成本,就归于生产成本;发生在流通领域和服务领域中由于组织的日常销售或进行日常行政管理而发生的成本则归于非生产成本。

2. 产品成本及期间成本的构成内容不同

在变动成本法模式下,产品成本只包括变动生产成本,固定生产成本和非生产成本则全部作为期间成本处理。

在完全成本法模式下,产品成本则包括全部生产成本,只有非生产成本作为期间成本处理。

3. 销货成本及存货成本的体现水平不同

广义的产品有销货和存货两种实物形态。在期末存货和本期销货均不为零的条件下,本期发生的产品成本最终要表现为销货成本和存货成本。

当期末存货量不为零时,在变动成本法下,固定生产成本被作为期间成本直接计入当期利润表,不可能转化为存货成本或销货成本;在完全成本法下,固定生产成本计入产品成本,并要在存货和销货之间进行分配,使一部分固定生产成本被期末存货吸收递延到下期,另一部分固定生产成本和期初存货中的固定生产成本作为销货成本被计入当期利润表,这必将导致分别按两种成本法所确定的期末存货成本及销货成本的水平不同。

4. 销货成本的计算公式不完全相同

从理论上看,无论是变动成本法还是完全成本法,都可以按照以下公式计算销货成本,即:

$$本期销货成本 = 期初存货成本 + 本期发生的产品生产成本 - 期末存货成本$$

但是由于变动成本法的销货成本全部是由变动生产成本构成的,所以在两种情况下(第一种情况要求期初存货量为零,第二种情况要求前后期单位变动生产成本水平不变),如不计算期末存货成本,可直接按以下公式计算销货成本:

$$本期销货成本 = 单位变动生产成本 \times 本期销售量$$

在完全成本法下,如期初存货量等于零,可以直接按以下公式计算销货成本;但如果期初存货量不为零时,往往不容易直接确定单位产品成本,则需要运用加权平均法、先进先出法、个别计价法等方法计算本期销货成本。

$$本期销货成本 = 单位产品生产成本 \times 本期销售量$$

5. 损益确定程序不同

两种成本计算法采用不同的营业利润计算程序。在变动成本法下,只能按贡献式损益确定程序来计算营业损益;而在完全成本法下,必须按照传统式损益确定程序来计算营业损益。

6. 所提供的信息用途不同

变动成本法是为满足面向未来决策,强化企业内部管理的要求而产生的,有助于加强成本管理,强化预测、决策、计划控制和业绩考核等职能,促进以销定产,减少或避免因盲目生产而带来的损失。使用完全成本法编制利润表通常是为了满足外部使用者,有统一的规范格式。

三、变动成本法的核算程序

要提高企业利润,不仅要从财务会计的角度进行核算,还要从内部管理的角度进行成本管控,只有将两种成本计算方法结合运用,才能充分发挥优势互补的组合效应。为了与传统的完全成本法的核算相区别,把两种方法结合运用的核算过程,称为变动成本法的核算程序。具体程序如下:

(1)日常核算建立在变动成本法基础上,将生产成本按性态分类。

(2)变动生产成本记入生产成本科目,在产品和产成品成本中只包括变动生产成本。

(3)增设固定制造费用科目,归集日常发生的固定制造费用。

(4)期末将固定制造费用、管理费用和销售费用的本期发生额作为期间成本,编制变动成本法的利润表。

这种核算程序既满足了内部管理的需要,又满足了会计制度的要求,使管理会计的职能得以充分地发挥。

本教材只涉及编制年度利润表的内容。

能力训练

一、业务描述

上海艺心工艺品有限公司 202×年主要生产陶瓷工艺品,企业需要分析产品的盈利情况,因此管理部门统计各部门制作产品时的经营情况,由财务处负责对产品的利润进行分析。

财务处汇总信息如下:

采购部门:制作一个工艺品需要基本的高岭土 1 000 克,已知每克陶土 0.15 元,用陶土制作想要的形状,然后给做好的陶器上色、上釉,需要用到着色剂 20 克,每克 1 元;青花料 15 克,每克 1 元,以及石灰釉 15 克,每克 1 元;最后进行烤制。

生产部门:2 名员工负责生产,生产工人工资按 60 元/件工艺品分配,制作工艺品过程中消耗的水电费及燃气费按 20 元/件工艺品;租用场地费用为 2 000 元/月。

管理部门:有一名员工负责管理工作,工资为 3 000 元/月。

销售部门:销售工艺品的广告费及摊位费为 3 000 元/月,另有每销售一件所需 20 元的包装费及人工费。销售单价为 500 元/件。

本年度 1—12 月销售情况见表 1-18 所示。(假设期末无在产品,且不考虑其他税费。本公司成本会计岗位人员李玉,财务主管张翼。)

表 1-18

工艺品产销量表

202×年度

编制单位:上海艺心工艺品有限公司

产品名称:土陶工艺品

单位:件

月份	期初存货	本期生产	本期销售	期末存货
1 月	0	50	50	0
2 月	0	55	45	10
3 月	10	50	45	15
4 月	15	50	55	10
5 月	10	45	45	10
6 月	10	50	40	20
7 月	20	60	50	30
8 月	30	50	80	0
9 月	0	45	40	5
10 月	5	55	50	10
11 月	10	55	60	5
12 月	5	50	55	0
合计	0	615	615	0

制表人:李玉

复核人:张翼

二、工作要求

为了帮助财务部门对产品利润进行分析,请分别计算生产销售陶瓷工艺品的利润,以便于企业分析盈利情况。具体要求如下:

(1)运用 Excel 等工具编制单位生产成本及费用明细表;

(2)运用 Excel 等工具编制单位生产成本分解表;

(3)运用 Excel 等工具编制存货与销售成本表;

(4)运用 Excel 等工具以完全成本法编制年度利润表;

(5)运用 Excel 等工具以变动成本法编制年度利润表。

三、工作过程

运用 Excel 等工具,分别计算在完全成本法下和变动成本法下,生产销售陶瓷工艺品的利润,以便于企业进行分析盈利情况。具体步骤如下:

第一步:编制单位生产成本及费用明细表

运用 Excel 等工具编制单位生产成本及费用明细表,具体结果见表 1 – 19 所示。

表 1 – 19

单位生产成本及费用明细表
202×年度

编制单位:上海艺心工艺品有限公司
产品名称:土陶工艺品

单位:元

项目		金额
单位直接材料费	一个工艺品需要高岭土 1000 克,每克陶土 0.15 元	150.00
	一个工艺品需要着色剂 20 克,每克 1 元	20.00
	一个工艺品需要青花料 15 克,每克 1 元	15.00
	一个工艺品需要石灰釉 15 克,每克 1 元	15.00
	小计	200.00
单位直接人工费	一件工艺品的直接人工费等	60.00
制造费用	一件工艺品消耗的水电费及燃气费	20.00
	厂房月租金	2 000.00
	管理费用:一名管理员月工资	3 000.00
销售费用	销售费用:在商场销售工艺品的广告费以及摊位费等月成本	3 000.00
	每销售一件产品的包装以及人工费用	20.00

制表人:李玉

复核人:张翼

第二步:运用 Excel 等工具计算编制单位生产成本分解表

计算过程如下:

(1)单位变动生产成本＝直接材料＋直接人工＋单位变动制造费用＝200＋60＋20＝280(元)

(2)单位变动非生产成本＝单位变动销售费用＝20(元)

（3）固定生产成本＝固定制造费用＝2 000（元）

（4）固定非生产成本＝管理费用＋固定销售费用＝3 000＋3 000＝6 000（元）

运用 Excel 等工具编制单位生产成本分解表，具体结果见表 1-20 所示。

表 1-20　　　　　　　　　　　　单位生产成本分解表
202×年度

编制单位：上海艺心工艺品有限公司　　　　　　　　　　　　　　　　　　　　　　　　单位：元

项　　目	金额
销售单价	500.00
单位变动生产成本	280.00
其中：直接材料费	200.00
直接人工费	60.00
变动制造费用	20.00
单位变动非生产成本（即：单位变动销售费用）	20.00
每月固定生产成本	2 000.00
其中：每月固定制造费用	2 000.00
每月固定非生产成本	6 000.00
其中：每月固定管理费用	3 000.00
每月固定销售费用	3 000.00

制表人：李玉　　　　　　　　　　　　　　　　　　　　　　　　　　　　　　　　复核人：张翼

　　第三步：运用 Excel 等工具编制存货与销售成本表

运用 Excel 等工具编制存货与销售成本表，具体结果见表 1-21 所示。

表 1-21　　　　　　　完全成本法的存货与销售成本表（先进先出法）
202×年度

编制单位：上海艺心工艺品有限公司
产品名称：土陶艺术品　　　　　　　　　　　　　　　　　　　　　　　　　　　　　单位：元

项目 月份	期初存货（个）	本期生产（个）	本期销售（个）	期末存货（个）	期初存货成本	本期生产成本	本期销售成本	期末存货成本
1 月	0	50	50	0	0.00	16 000.00	16 000.00	0.00
2 月	0	55	45	10	0.00	17 400.00	14 236.36	3 163.64
3 月	10	50	45	15	3 163.64	16 000.00	14 364.64	4 800.00
4 月	15	50	55	10	4 800.00	16 000.00	17 600.00	3 200.00
5 月	10	45	45	10	3 200.00	14 600.00	14 556.56	3 244.44
6 月	10	50	40	20	3 244.44	16 000.00	12 844.00	6 400.00
7 月	20	60	50	30	6 400.00	18 800.00	15 800.00	9 400.00
8 月	30	50	80	0	9 400.00	16 000.00	25 400.00	0.00
9 月	0	45	40	5	0.00	14 600.00	12 977.78	1 622.22
10 月	5	55	50	10	1 622.22	17 400.00	15 858.58	3 163.64

续表

项目\月份	期初存货（个）	本期生产（个）	本期销售（个）	期末存货（个）	期初存货成本	本期生产成本	本期销售成本	期末存货成本
11 月	10	55	60	5	3 163.64	17 400.00	18 981.82	1 581.82
12 月	5	50	55	0	1 581.82	16 000.00	17 581.82	0.00

制表人：李玉   复核人：张翼

以 1 月份的计算为例：

（1）期初存货成本＝上一期期末存货成本＝0（元）

（2）本期生产成本＝单位变动生产成本×本期产量＋固定生产成本＝50×280＋2 000＝16 000（元）

（3）本期销售成本＝期初存货成本＋本期生产成本－期末存货成本＝0＋16 000－0＝16 000（元）

（4）期末存货成本＝$\dfrac{\text{期末存货数量}}{\text{本期产量}}$×本期生产成本＝$\dfrac{0}{50}$×16 000＝0（元）

2—12 月份的计算过程略，具体计算请参照 1 月份的相关计算；对 3 月以后的计算采用先进先出法计算。

第四步：运用 Excel 等工具以完全成本法编制年度利润表

运用 Excel 等工具以完全成本法编制年度利润表，具体结果见表 1－22 所示。

表 1－22

利润表（完全成本法）
202×年度

编制单位：上海艺心工艺品有限公司   单位：元

项目\月份	①销售收入	②本期销售成本	③销售毛利 ③＝①－②	④管理费用	⑤销售费用	⑥息税前利润 ⑥＝③－④－⑤
1 月	25 000.00	16 000.00	9 000.00	3 000.00	4 000.00	2 000.00
2 月	22 500.00	14 236.36	8 263.64	3 000.00	3 900.00	1 363.64
3 月	22 500.00	14 363.64	8 136.36	3 000.00	3 900.00	1 236.36
4 月	27 500.00	17 600.00	9 900.00	3 000.00	4 100.00	2 800.00
5 月	22 500.00	14 555.56	7 944.44	3 000.00	3 900.00	1 044.44
6 月	20 000.00	12 844.44	7 155.56	3 000.00	3 800.00	355.56
7 月	25 000.00	15 800.00	9 200.00	3 000.00	4 000.00	2 200.00
8 月	40 000.00	25 400.00	14 600.00	3 000.00	4 600.00	7 000.00
9 月	20 000.00	12 977.78	7 022.22	3 000.00	3 800.00	222.22
10 月	25 000.00	15 858.58	9 141.42	3 000.00	4 000.00	2 141.42
11 月	30 000.00	18 981.82	11 018.18	3 000.00	4 200.00	3 818.18
12 月	27 500.00	17 581.82	9 918.18	3 000.00	4 100.00	2 818.18

制表人：李玉   复核人：张翼

以 1 月份的计算为例：

（1）销售收入＝销售单价×销售数量＝500×50＝25 000（元）

（2）本期销售成本＝期初存货成本＋本期生产成本－期末存货成本＝0＋16 000－0＝16 000（元）

（3）销售毛利＝销售收入－本期销售成本＝25 000－16 000＝9 000（元）

（4）管理费用＝3 000（元）

（5）销售费用＝单位变动销售费用×销售数量＋固定销售费用＝20×50＋3 000＝4 000（元）

（6）息税前利润＝销售毛利－管理费用－销售费用＝9 000－3 000－4 000＝2 000（元）

2—12 月份的计算过程略，具体计算请参照 1 月份的相关计算。

第五步：运用 Excel 等工具以变动成本法编制年度利润表

运用 Excel 等工具以变动成本法编制年度利润表，具体结果见表 1－23 所示。

表 1－23　　　　　　　　　　　　利润表（变动成本法）
202×年度

编制单位：上海艺心工艺品有限公司　　　　　　　　　　　　　　　　　　　　　　　单位：元

项目\月份	①销售收入	②变动成本②=③+④	③变动生产成本	④变动非生产成本	⑤边际贡献总额⑤=①-②	⑥固定成本⑥=⑦+⑧	⑦固定生产成本(固定制造费用)	⑧固定非生产成本(固定管理费用+固定销售费用)	⑨息税前利润⑨=⑤-⑥
1 月	25 000.00	15 000.00	14 000.00	1 000.00	10 000.00	8 000.00	2 000.00	6 000.00	2 000.00
2 月	22 500.00	13 500.00	12 600.00	900.00	9 000.00	8 000.00	2 000.00	6 000.00	1 000.00
3 月	22 500.00	13 500.00	12 600.00	900.00	9 000.00	8 000.00	2 000.00	6 000.00	1 000.00
4 月	27 500.00	16 500.00	15 400.00	1 100.00	11 000.00	8 000.00	2 000.00	6 000.00	3 000.00
5 月	22 500.00	13 500.00	12 600.00	900.00	9 000.00	8 000.00	2 000.00	6 000.00	1 000.00
6 月	20 000.00	12 000.00	11 200.00	800.00	8 000.00	8 000.00	2 000.00	6 000.00	0.00
7 月	25 000.00	15 000.00	14 000.00	1 000.00	10 000.00	8 000.00	2 000.00	6 000.00	2 000.00
8 月	40 000.00	24 000.00	22 400.00	1 600.00	16 000.00	8 000.00	2 000.00	6 000.00	8 000.00
9 月	20 000.00	12 000.00	11 200.00	800.00	8 000.00	8 000.00	2 000.00	6 000.00	0.00
10 月	25 000.00	15 000.00	14 000.00	1 000.00	10 000.00	8 000.00	2 000.00	6 000.00	2 000.00
11 月	30 000.00	18 000.00	16 800.00	1 200.00	12 000.00	8 000.00	2 000.00	6 000.00	4 000.00
12 月	27 500.00	16 500.00	15 400.00	1 100.00	11 000.00	8 000.00	2 000.00	6 000.00	3 000.00

制表人：李玉　　　　　　　　　　　　　　　　　　　　　　　　　　　　　　　复核人：张翼

以 1 月份的计算为例：

（1）销售收入＝销售单价×销售数量＝500×50＝25 000（元）

（2）变动生产成本＝单位变动生产成本×销售数量＝280×50＝14 000（元）

（3）变动非生产成本＝单位变动非生产成本×销售数量＝20×50＝1 000（元）

（4）变动成本＝变动生产成本＋变动非生产成本＝14 000＋1 000＝15 000（元）

（5）边际贡献总额＝销售收入－变动成本＝25 000－15 000＝10 000（元）

（6）固定生产成本＝固定制造费用＝2 000（元）

（7）固定非生产成本＝6 000（元）

（8）固定成本＝固定生产成本＋固定非生产成本＝2 000＋6 000＝8 000（元）

（9）息税前利润＝边际贡献总额－固定成本＝边际贡献总额－（固定生产成本＋固定非生产成本）＝10 000－8 000＝2 000（元）

2～12 月份的计算过程略，具体计算请参照 1 月份的相关计算。

四、要点提示

> 根据财务数据与非财务数据，灵活运用所学技能，采用变动成本法编制年度利润表。

编制年度利润表的注意事项及策略，具体见表 1 - 24 所示。

表 1 - 24   运用完全成本法和变动成本法编制年度利润表的注意事项及策略

序号	注意事项	具体操作	岗位要求
1	运用《管理会计应用指引》中成本管理工具时，应据实选择计算公式，运用变动成本法编制年度利润表注意分别计算各月的数据	运用成本管理工具分别计算 1—12 月变动成本及固定成本、边际贡献总额及息税前利润，并依次按照顺序编制： （1）销售收入 （2）减：变动成本（销售变动成本） （3）边际贡献总额 （4）减：固定成本 （5）息税前利润	分别计算 1—12 月变动成本及固定成本、边际贡献总额及息税前利润，按照步骤顺序编制变动成本法年度利润表
2	运用变动成本法计算编制年度利润表的息税前利润时，注意其与完全成本法下年度利润表税前利润的区别	运用变动成本法计算编制利润表时：息税前利润＝边际贡献总额－固定成本 运用完全成本法计算编制利润表时：税前利润＝销售毛利－管理费用－销售费用	熟练运用变动成本法计算息税前利润，并能区别完全成本法计算税前利润

？问题情境

假设你是某奶茶店会计，为了能给经理提供简单易懂的企业盈利分析资料，在运用完全成本法与变动成本法两种成本计算方法来确定税前利润时，你认为哪一种方法计算的结果更能够体现与销售量有关的变动趋势？

解析思路：在不考虑其他因素的情况下，企业的税前利润可被简单理解为营业利润，即从理论上说营业利润是单价、成本和销售量这三个要素的函数，所以当单价和成本水平不变时,营业利润直接与销售量挂钩,营业利润的变动趋势是直接与销售量的变动趋势相联系的,这一规律只有在变动成本法下才能得到充分体现。

五、学习结果评价

通过本项目职业能力的学习,应掌握以下技能,按照此评价表对运用完全成本法和变动成本法编制年度利润表的结果进行评价,见表 1-25 所示。

表 1-25　　　　　　　运用完全成本法和变动成本法编制年度利润表的评价表

序号	评价内容	评价标准	评价分值
1	运用 Excel 等工具编制单位生产成本及销售费用表	编制单位生产成本及销售费用表	2 分
2	用 Excel 等工具编制生产成本与销售成本分解表	计算单位变动生产成本及单位变动非生产成本	4 分
		计算固定生产成本及固定非生产成本	4 分
		编制生产成本与销售成本分解表	10 分
3	用 Excel 等工具编制存货和销售成本表	计算期初及期末存货成本	4 分
		计算本期生产成本、销售成本	4 分
		编制存货和销售成本表	12 分
4	用 Excel 等工具以完全成本法编制年度利润表	计算本期销售收入及销售成本	4 分
		计算管理费用及销售费用	4 分
		以完全成本法编制年度利润表	22 分
5	用 Excel 等工具以变动成本法编制年度利润表	计算变动成本、固定成本	4 分
		计算边际贡献、税前利润	4 分
		以变动成本法编制年度利润表	22 分

📋 课后作业

一、业务描述

上海星辰文具有限公司生产一批新产品笔记本,总经理需要分析该批产品的盈利情况,由财务部门负责收集资料并对产品的利润进行分析。具体资料如下:

生产部门:生产一本笔记本需要纸张 30 页,每页 0.2 元,胶水 1 克,每克 0.05 元,皮料 1 张,每张 2 元;生产工人工资按 0.5 元/本分配,生产中消耗水电费按 1 元/本分配,租用场地费用为 2 500 元/月。

管理部门:有一名员工负责管理,月工资为 4 000 元。

销售部门:销售产品每月固定广告费 2 500 元,每销售一本分摊 0.5 元的包装费。销售单价为 20 元/本。

本年度 1～12 月销售情况见表 1-26 所示。（假设不考虑其他税费且月末无在产品。本公司成本会计岗位人员王华,财务主管林芳。）

表 1-26

产销量情况表

202×年

编制单位:上海星辰文具有限公司 单位:本

项目 \ 月份	1月	2月	3月	4月	5月	6月	7月	8月	9月	10月	11月	12月	小计
期初存货	0	0	2 000	2 000	1 500	2 500	4 000	6 000	2 000	2 000	1 600	800	0
本期生产	10 000	10 000	9 000	9 500	9 000	9 500	12 000	8 000	8 800	8 600	9 200	10 200	113 800
本期销售	10 000	8 000	9 000	10 000	8 000	8 000	10 000	12 000	8 800	9 000	10 000	11 000	113 800
期末存货	0	2 000	2 000	1 500	2 500	4 000	6 000	2 000	2 000	1 600	800	0	0

制表人:王华 复核人:林芳

二、作业要求

为了帮助财务部门对产品利润进行分析,请分别用完全成本法与变动成本法计算分析生产销售陶瓷工艺品的利润,以便于企业进行分析盈利情况。具体要求如下:

(1) 运用 Excel 等工具编制单位生产成本及费用明细表;

(2) 运用 Excel 等工具编制单位生产成本分解表;

(3) 运用 Excel 等工具编制存货与销售成本表;

(4) 运用 Excel 等工具以完全成本法编制年度利润表;

(5) 运用 Excel 等工具以变动成本法编制年度利润表。

职业能力 2　能分析完全成本法与变动成本法税前利润差异

核心概念

完全成本法与变动成本法税前利润的差异　变动成本法的适用范围
变动成本法的应用评价

学习目标

• 能运用 Excel 等工具计算完全成本法期初存货和期末存货中的固定生产成本;

- 能运用 Excel 等工具计算完全成本法期初存货和期末存货吸收或者释放的固定生产成本差额;
- 能分析完全成本法与变动成本法下税前利润存在差异的原因;
- 熟练运用成本管理工具,分析变动成本法税前利润与完全成本法税前利润的差异,具备在工作岗位上遵守相关法规的法律意识。

📖 基本知识

一、完全成本法与变动成本法税前利润的差异

第一,如果完全成本法下期末存货吸收的固定生产成本等于期初存货释放的固定生产成本,则两种成本计算法确定的税前利润相等。

第二,如果完全成本法下期末存货吸收的固定生产成本大于期初存货释放的固定生产成本,则按完全成本法确定的税前利润一定大于按变动成本法确定的税前利润。

第三,如果完全成本法下期末存货吸收的固定生产成本小于期初存货释放的固定生产成本,则按完全成本法确定的税前利润一定小于变动成本法确定的税前利润。

完全成本法税前利润与变动成本法税前利润差异分析,具体见表 1-27 所示。

表 1-27　　　　　　　　完全成本法与变动成本法税前利润差异对照表

完全成本法编制利润表		变动成本法编制利润表		
营业收入		营业收入		
减:销货成本	直接材料	减:按销售量计算的变动成本	变动生产成本	直接材料
	直接人工			直接人工
				变动制造费用
	制造费用(变动制造费用+固定制造费用)		变动非生产成本	变动销售费用
				变动管理费用
毛利		边际贡献总额		
		减:固定成本	固定制造费用	
			固定销售费用	
			固定管理费用	
		息税前利润		
减:非生产成本(期间费用)	销售费用	减:财务费用		
	管理费用			
	财务费用			
税前利润(营业利润)		税前利润(营业利润)		

二、变动成本法的适用范围

变动成本法通常用于分析各种产品的盈利能力，为正确制定经营决策，科学进行成本计划、成本控制和成本评价与考核等工作提供有用信息。

变动成本法一般适用于同时具备以下特征的企业：

（1）企业固定成本比重较大，当产品更新换代的速度比较快时，分摊计入产品成本中的固定成本比重大，采用变动成本法可以准确反映产品盈利状况；

（2）企业规模大，产品或服务的种类多，固定成本分摊存在较大困难的；

（3）企业作业保持相对稳定的。

三、变动成本法的应用评价

运用变动成本法分析企业的成本，能够为企业内部管理提供成本决策依据，原因如下：

（1）区分固定成本与变动成本，有利于明确企业产品盈利能力和划分各部门成本管理和业绩评价。

（2）保持利润与销售量增减相一致，有利于促使企业重视销售工作，实现以销定产，防止产品大量积压。

（3）揭示了销售量、成本和利润之间的依存关系，结合本量利分析，使当期利润真正反映企业经营状况，有利于企业经营预测和决策。

但运用变动成本法分析企业的成本，对企业也存在一些不利影响：

①不是完全成本，不能反映产品生产过程中发生的全部耗费；②不能适应长期决策的需要；③变动成本法一般会降低期末存货估价，降低税前利润总额。

🏛 能力训练

一、业务描述

上海小幸福服饰公司副总经理潘奕即将被集团调离，希望在离职前公司利润继续保持良好的业绩。张悦会计建议：只要提高产量，在销售量不变的情况下，库存大大增加，利润就能大幅度提高。张悦会计便以第四季度的数据为基础，为副总经理解答疑惑。张悦会计统计各部门资料如下：

采购部门：生产羊绒大衣原料及主要材料是羊绒，生产一件羊绒大衣需要花费 300 元的原材料，包含 280 元的羊绒 850 克和缝纫线、纽扣等其他辅助材料 20 元。

缝纫车间：有 30 名生产人员剪裁缝制羊绒大衣，其工资按照生产的件数进行计算，员工每生产一件大衣的计件工资为 90 元，生产过程中所耗费的水、电等费用按照 20 元/件进行分配，厂房租金每月摊销 8 000 元。

管理部门：有 1 名管理人员，月工资 5 000 元。

销售部门：在商场的广告费及摊位费等月销售费用 12 000 元，另有每项产品的包装费、包装大衣所用的礼盒及人工费用为 10 元/件。销售单价为 800 元/件。

具体第四季度销售情况见表 1 - 28 所示。（假设当月投产的羊绒大衣当月全部完工入库，没有在产品，且不考虑其他税费。本公司成本会计岗位人员张悦，会计主管李明虎。）

表 1 - 28

产销量明细表

202×年第四季度

编制单位：上海小幸福服饰公司
产品名称：长款女士羊绒大衣

单位：件

项目 \ 月份	10 月	11 月	12 月	小计
期初存货	0	100	200	0
本期生产	800	900	700	2 400
本期销售	700	800	800	2 300
期末存货	100	200	100	100

制表人：张悦

复核人：李明虎

二、工作要求

根据以上资料，请帮助张悦会计将第四季度的数据用简单易懂的 Excel 等工具分别以完全成本法和变动成本法编制季度利润表，分析企业盈利情况，为副总经理解惑。

具体要求如下：

（1）列式计算完全成本法下税前利润各项目，并用 Excel 等工具以完全成本法编制第四季度利润表。

（2）列式计算变动成本法下税前利润各项目，并用 Excel 等工具以变动成本法编制第四季度利润表。

（3）对比两张利润表，分析产销不平衡对息税前利润的影响。

三、工作过程

运用 Excel 等工具分别以完全成本法和变动成本法编制利润表，分析产销不平衡对税前利润的影响。

第一步：运用 Excel 等工具编制单位生产成本及费用明细表

运用 Excel 等工具编制单位生产成本及费用明细表，具体见表 1 - 29 所示。

表 1 - 29

单位生产成本及费用明细表

202×年 10 月

编制单位：上海小幸福服饰公司
产品名称：长款女士羊绒大衣

单位：元

项 目	金额
一件大衣的直接材料成本羊绒	280.00
一件大衣的直接材料成本纽扣、缝纫线等	20.00
一件大衣的直接人工费等	90.00
一件大衣的缝纫机所消耗掉的电及清洗衣服所用到的水等费用	20.00

续表

项　　目	金额
制造费用:厂房租金(按月摊销)	8 000.00
管理费用:有一名员工被企业派往生产车间负责管理员工工资	5 000.00
销售费用:在商场销售大衣的广告费以及摊位费等总成本	12 000.00
每销售一件产品的大衣所用到的包装礼盒以及人工费用	10.00

制表人:张悦   复核人:李明虎

第二步:运用 Excel 等工具计算编制生产成本与销售成本分解表

计算过程如下:

(1) 单位变动生产成本＝直接材料＋直接人工＋单位变动制造费用＝300＋90＋20＝410(元)

(2) 单位变动非生产成本＝单位变动销售费用＝10(元)

(3) 固定生产成本＝固定制造费用＝8 000(元)

(4) 固定非生产成本＝固定管理费用＋固定销售费用＝5 000＋12 000＝17 000(元)

运用 Excel 等工具编制的生产成本与销售成本分解表,具体见表 1-30 所示。

表 1-30　　　　　　　　　**生产成本与销售成本分解表**

202×年 10 月

编制单位:上海小幸福服饰公司
产品名称:长款女士羊绒大衣　　　　　　　　　　　　　　　　　　　　　单位:元

项　　目	金额
销售单价	800.00
单位变动生产成本	410.00
其中:直接材料费	300.00
直接人工费	90.00
变动制造费用	20.00
单位变动非生产成本(单位变动销售费用)	10.00
固定生产成本	8 000.00
其中:固定制造费用	8 000.00
固定非生产成本	17 000.00
其中:固定管理费用	5 000.00
固定销售费用	12 000.00

制表人:张悦   复核人:李明虎

第三步:运用 Excel 等工具计算编制季度利润表

· 完全成本法的处理

完全成本法计算过程如下:

（1）本期生产成本＝单位变动生产成本×本期产量＋固定制造费用＝410×800＋8 000＝336 000（元）

（2）本期可供销售的商品成本＝期初存货成本＋本期生产成本＝0＋336 000＝336 000（元）

（3）期末存货成本＝（单位变动生产成本＋单位变动非生产成本）×期末库存量＝（410＋10）×100＝42 000（元）

（4）营业成本＝本期可供销售的商品成本－期末存货成本＝336 000－42 000＝294 000（元）

（5）营业毛利＝营业收入－营业成本＝560 000－294 000＝266 000（元）

（6）期间费用＝管理费用＋销售费用＝5 000＋（12 000＋700×10）＝24 000（元）

（7）营业利润＝营业毛利－期间费用＝266 000－24 000＝242 000（元）

以 10 月数据为例，11 月和 12 月的计算步骤同 10 月。

先编制成本计算表（完全成本法），具体见表 1-31 所示。

表 1-31　　　　　　　　　　　　**成本计算表（完全成本法）**
202×年第四季度

编制单位：上海小幸福服饰公司
产品名称：长款女士羊绒大衣　　　　　　　　　　　　　　　　　　　　单位：元

项目	10 月（投产 800 件）	11 月（投产 900 件）	12 月（投产 700 件）
期初存货成本	0	42 000（100 件）	83 777.78（200 件）
加：本期投产	410×800＋8 000＝336 000	410×900＋8 000＝377 000	410×700＋8 000＝295 000
本期可供销售产品	0＋336 000＝336 000	42 000＋377 000＝419 000	378 777.78
减：期末存货	42 000（100 件）	83 777.78（200 件）	42 142.86
本期销售成本	336 000－42 000＝294 000	335 222.22	336 634.92

制表人：张悦　　　　　　　　　　　　　　　　　　　　　　　　复核人：李明虎

10 月：发生的固定制造费用在完工与未完工之间分配，因期初存货为零，得出

$$期末存货成本＝\frac{336\,000}{800}×100＝420×100＝42\,000（元）$$

11 月：按先进先出法计算期末存货成本，本月销售 800 件，期初存货 100 件全部销完，期末存货 200 件全部是本期生产的产品，得出

$$期末存货成本＝\frac{377\,000}{900}×200＝83\,777.78（元）$$

（注：假设本期投产的产品，本期均完工入库，不存在期末在产品。）

12月:按先进先出法计算期末存货成本,方法同11月。

$$期末存货成本=\frac{295\,000}{900}\times100=42\,142.86(元)$$

再编制利润表(完全成本法),见表1-32所示。

表1-32
利润表(完全成本法)
202×年第四季度

编制单位:上海小幸福服饰公司
产品名称:长款女士羊绒大衣
单位:元

项目	10月 (销售700件)	11月 (销售800件)	12月 (销售800件)
销售收入	800×700件=560000	800×800件=640000	640000
减:销售成本	294000	335222.22	336634.92
销售毛利	266000	304777.78	303365.08
减:销售费用	10×700+12000=19000	10×800+12000=20000	10×800+12000=20000
管理费用	5000	5000	5000
税前利润	242000	279777.78	278365.08

制表人:张悦
复核人:李明虎

• 变动成本法的处理

采用变动成本法的特点是单位变动成本不变,所以不需要按先进先出法、加权平均法计算期末产品(存货)的成本。为方便简化,可将单位变动非生产成本(单位变动销售费用)也作为期末产品(存货)的成本组成部分。

变动成本法计算10月份数据的过程如下:

(1)销售收入=销售单价×销售数量=800×700=560000(元)

(2)变动生产成本=单位变动生产成本×销售数量=410×700=287000(元)

(3)变动非生产成本=单位变动非生产成本×销售数量=10×700=7000(元)

(4)变动成本=变动生产成本+变动非生产成本=287000+7000=294000(元)

(5)边际贡献总额=销售收入-变动成本=560000-(287000+7000)=266000(元)

(6)固定生产成本=固定制造费用=8000(元)

(7)固定非生产成本=固定管理费用+固定销售费用=5000+12000=17000(元)

(8)固定成本=固定生产成本+固定非生产成本=8000+17000=25000(元)

(9)税前利润=边际贡献总额-固定成本=266000-25000=241000(元)

11月份和12月份的销售收入、变动成本,均应按销售数量800件计算,步骤同10月份,固定成本数据则与10月份相同。

运用Excel等工具以变动成本法编制利润表,具体见表1-33所示。

表 1-33

利润表（变动成本法）
202×年第四季度

编制单位：上海小幸福服饰公司
产品名称：长款女士羊绒大衣

单位：元

项目	10月	11月	12月
销售收入	560 000.00	640 000.00	640 000.00
减：变动成本	294 000.00	328 000.00	328 000.00
变动生产成本（销货成本）	287 000.00	328 000.00	328 000.00
变动非生产成本	7 000.00	8 000.00	8 000.00
边际贡献总额	266 000.00	312 000.00	312 000.00
减：固定成本	25 000.00	25 000.00	25 000.00
固定生产成本	8 000.00	8 000.00	8 000.00
固定非生产成本	17 000.00	17 000.00	17 000.00
税前利润	241 000.00	279 000.00	279 000.00

制表人：张悦　　　　　　　　　　　　　　　　　　　　　　　　　　　复核人：李明虎

第四步：比较两张利润表相关数据，分析产销不平衡对息税前利润的影响

理解产量影响税前利润的原因，分析完全成本法与变动成本法下产销不平衡对税前利润产生差异的原因。

得到结论如下：

变动成本法下的产品成本由变动生产成本组成，包括：直接材料、直接人工、变动制造费用。完全成本法下的产品成本组成，除了直接材料、直接人工、变动制造费用以外，还包括固定生产成本（固定制造费用）。换言之，如果按完全成本法编制利润表，利润表中的营业成本即包括已销产品中的直接材料、直接人工、变动制造费用，还包括固定生产成本（固定制造费用）。而按变动成本法编制利润表，利润表中的营业成本仅包括已销产品中的直接材料、直接人工、变动制造费用，不包括固定生产成本（固定制造费用）。所以，两种不同的产品成本计算方法会对损益计算产生影响。

四、要点提示

　　根据财务数据与非财务数据，灵活运用所学技能，采用变动成本法编制利润表。只有当实现所谓的"零存货"即产销绝对均衡时，损益计算上的差异才会消失。

？ 问题情境

假设你是某奶茶店会计，在给总经理提供分析本月盈利情况时，是否可以利用变动成本法销售量与税前利润之间的规律，直接判断某期的利润水平？

解析思路:变动成本法销售量与息税前利润的关系,在于固定成本不随销售量的变动而变动,在一定的销售量范围内固定成本是固定不变的。因此呈现以下规律:

(1)当某期销售量比上期增加时,在固定成本并未随之增加的情况下,销售量增加意味着边际贡献增加,边际贡献增加,意味着息税前利润增加。

(2)当某期销售量比上期减少时,在固定成本并未随之减少的情况下,销售量减少意味着边际贡献减少,边际贡献减少,意味着息税前利润减少。

(3)从(1)可以推导出,在较长时间内,销售量最高,息税前利润肯定最高,销售量最低,息税前利润肯定最低。

在变动成本法下,税前利润真正成了反映企业销售量的晴雨表,利用这一规律,不仅有助于企业重视市场销售,而且还可以大大简化税前利润的计算。

五、学习结果评价

通过本工作能力的学习,应掌握以下工作技能,按照此评价表对分析产销不平衡对税前利润的影响结果进行评价,见表1-34所示。

表1-34　　　　　　　　　　分析产销不平衡对税前利润的影响评价表

序号	评价内容	评价标准	评价分值
1	运用 Excel 等工具编制单位生产成本及费用明细表	计算单位产品材料费用	2分
		计算单位产品人工费用	2分
		计算单位产品变动制造费用	2分
		计算制造费用	2分
		计算管理费用	2分
		计算销售费用	2分
2	运用 Excel 等工具计算编制生产成本与销售成本分解表	计算单位变动生产成本	2分
		计算单位变动非生产成本	2分
		计算固定生产成本	2分
		计算固定非生产成本	2分
		编制生产成本与销售成本分解表	10分
3	运用 Excel 等工具计算编制季度利润表	计算期初存货成本	2分
		计算本期生产成本	2分
		计算本期销售成本	2分
		计算期末存货成本	2分
		编制完全成本法下的季度利润表	22分
		编制变动成本法下的季度利润表	30分
4	比较两张利润表,分析产销不平衡对税前利润的影响	得出结论	10分

课后作业

一、业务描述

业务资料沿用"职业能力1　能计算变动成本法下的成本"的"课后作业"资料,即上海嘻嘻食品公司资料。管理层想通过第四季度的生产销售情况分析企业销售量和产量差异是否对税前利润有影响。第四季度生产销售情况见表1-35所示。

表1-35

产销量明细表

202×年第四季度

编制单位:上海嘻嘻食品公司

产品名称:柚子茶

单位:罐

项目 ＼ 月份	10月	11月	12月	小计
期初存货	0	0	60	0
本期生产	600	600	600	1800
本期销售	600	540	660	1800
期末存货	0	60	0	0

制表人:黄英

复核人:刘新

二、作业要求

根据以上资料,请帮助财务部成本会计岗位人员黄英制作一份第四季度的利润表,并分析企业销售量和产量差异对税前利润的影响及原因。具体要求如下:

(1) 列式计算完全成本法下税前利润各项目,并用 Excel 等工具编制完全成本法下的利润表;

(2) 列式计算变动成本法下税前利润各项目,并用 Excel 等工具编制变动成本法下的利润表;

(3) 对比两张利润表,分析产销不平衡对税前利润的影响;

(4) 总结产量影响税前利润的原因,分析完全成本法与变动成本法下税前利润产生差异的原因。

本项目综合实训

运用变动成本法编制利润表（小型制造业企业）的案例

🔍 实训目标

- 能筛选整理企业财务信息与非财务信息,编制产品生产成本表;
- 能计算单位变动生产成本及单位变动非生产成本、固定生产成本及固定非生产成本,编制生产成本与销售成本分解表;
- 能运用 Excel 等工具以变动成本法编制利润表;
- 能认真、细心、严谨地收集、筛选、加工、整理企业财务数据及非财务数据,运用相关法规明辨是非地判断、使用有用的真实信息;
- 能运用成本管理工具准确计算成本及利润,运用大数据分析企业的成本及盈利状况,为企业提供有价值的会计服务;
- 能熟练运用相关法规处理工作岗位上的相关财务事项,具备遵纪守法、依法办事的工作素养。

🏛 能力训练

一、业务描述

上海小幸福服饰公司主要生产销售女装,由于市场竞争环境激烈,产品更新换代的速度较快,于是开发了新产品羊绒大衣的生产销售,近一个月销售状况很好。

7 月份生产完工 800 件羊绒大衣,企业需要分析产品的盈利情况进行成本控制,因此管理部门统计各部门的生产销售情况,财务部负责对产品的利润进行分析。

财务部汇总整理资料如下:

采购部门:生产羊绒大衣原料及主要材料是羊绒,生产一件羊绒大衣需要花费 300 元的原材料,包含 280 元的羊绒 850 克和缝纫线、纽扣等其他辅助材料 20 元。

缝纫车间:有 30 名生产人员剪裁缝制羊绒大衣,其工资按照生产的件数进行计算,员工每生产一件大衣的计件工资为 90 元,生产过程中所耗费的水、电等费用按照 20 元/件进行分配,厂房租金每月摊销 8 000 元。

管理部门:有 1 名管理人员,月工资 5 000 元。

销售部门:在商场的广告费及摊位费等月销售费用 12 000 元,其中包含每销售一件大衣发生的礼盒包装费 10 元。

该公司 7 月产销量明细表、财务会计报表中的利润表、班组月产量记录表,见表 1-36 至表 1-38 所示。月末在产品为零,即本期投产本期全部完工并验收入库。(假设销售单价为 800 元/件,且不考虑其他税费,本公司成本会计岗位人员张悦,会计主管李明虎。)

表 1-36

产销量明细表

202×年 7 月 31 日

编制单位:上海小幸福服饰公司

产品名称:长款女士羊绒大衣

单位:件

项目	数量	小计
期初存货	0	0
本期生产	800	800
本期销售	750	750
期末存货	50	50

编制人:张悦　　　　　　　　　　　　　　　　　　　　　　　　　　复核人:李明虎

表 1-37

利润表(完全成本法)

202×年 7 月

编制单位:上海小幸福服饰公司

产品名称:长款女士羊绒大衣

单位:元

项目	行次	本期金额	上期金额
一、营业收入	1	600 000.00	略
减:营业成本	2	315 000.00	
销售费用	3	12 000.00	
管理费用	4	5 000.00	
财务费用(收益以"-"号填列)	5	0.00	
二、营业利润(亏损以"—"号填列)	6	268 000.00	
加:营业外收入	7	0.00	
减:营业外支出	8	0.00	
三、利润总额	9	268 000.00	
减:所得税费用	10	0.00	
四、净利润	11	268 000.00	

编制人:张悦　　　　　　　　　　　　　　　　　　　　　　　　　　复核人:李明虎

利润表(完全成本法)中的营业成本计算过程如下:

(1) 完工产品成本=直接材料+直接人工+变动制造费用+固定制造费用

$$=300 \times 800 + 90 \times 800 + 20 \times 800 + 8\,000 = 336\,000(元)$$

(2) 完工产品单位成本=完工产品成本÷本期投产数量

$$=336\,000 \div 800 = 420(元)$$

(3) 已销产品销售成本(即利润表中的营业成本)=已销产品数量×完工产品单位成本

$$=750 \times 420 = 315\,000(元)$$

(4) 未销产品成本(即资产负债表中的存货)=存货数量×完工产品单位成本

$$=50 \times 420 = 21\,000(元)$$

表 1-38

班组月产量记录表

202×年 7 月 31 日

编制单位:上海小幸福服饰公司

产品名称:长款女士羊绒大衣

单位:件

生产班次	生产班组	本月完工产量	本月未完工产量
早班	1组	135	0
	2组	136	0
	3组	135	0
	小计	406	0
中班	1组	131	0
	2组	131	0
	3组	132	0
	小计	394	0
合计		800	0

制表人:张悦

复核人:李明虎

二、工作要求

在管理会计岗位上,利用所学知识与技能编制变动成本法利润表,更便于企业经营者分析盈利状况及控制成本等,以此作出相关经营决策。

请根据以上资料帮助张悦会计,用简单易懂的 Excel 等工具以变动成本法编制 7 月份的利润表,以便分析企业盈利状况来控制成本作出决策。

三、工作过程

对财务信息与业务信息进行分析,运用 Excel 等工具进行计算并以变动成本法编制利润表,能够更真实反映企业的盈利状况,便于分析控制企业成本。具体计算分析如下:

第一步:筛选整理企业财务信息与非财务信息,编制产品生产成本表

根据生产车间的领用材料、生产班组记录表、成本记录台账等原始单据,查阅工资及销售部门的合同等资料,归纳、整理出有用信息及数据,编制产品生产成本表。

编制产品生产成本表,具体见表 1 - 39 所示。

表 1 - 39

产品生产成本表

202×年 7 月 31 日

编制单位:上海小幸福服饰公司

产品名称:长款女士羊绒大衣

单位:元

项 目		数量(件)	金额
期初存货		0	
本期生产		800	
本期销售		750	
期末存货		50	
单位产品直接材料费用	一件大衣所消耗的直接材料——羊绒		280.00
	一件大衣所消耗的直接材料——纽扣、缝纫线等		20.00
	小计		300.00
单位产品直接人工费用	一件大衣所消耗的直接人工费		90.00
单位产品变动制造费用	一件大衣所消耗的水、电等费用		20.00
制造费用	厂房月租金		8 000.00
管理费用	管理人员月工资		5 000.00
销售费用	商场销售大衣的广告费及摊位费等销售费用		12 000.00
	其中:每销售一件产品的包装礼盒及人工费用		10.00

制表人:张悦

复核人:李明虎

第二步:计算单位变动生产成本及单位变动非生产成本、固定生产成本及固定非生产成本,编制生产成本与销售成本分解表

根据编制的产品生产成本表,按照顺序计算单位变动生产成本、单位变动非生产成本、固定生产成本、固定非生产成本,编制生产成本与销售成本分解表。

计算过程如下:

(1) 单位变动生产成本=直接材料+直接人工+变动制造费用=300+90+20=410(元)

(2) 单位变动非生产成本=单位变动销售费用=10(元)

(3) 固定生产成本=固定制造费用=8 000(元)

(4) 固定非生产成本=管理费用+固定销售费用=5 000+(12 000-10×750)=9 500(元)

编制生产成本与销售成本分解表,具体见表 1 - 40 所示。

表 1－40　　　　　　　　　　　生产成本与销售成本分解表
202×年 7 月 31 日

编制单位:上海小幸福服饰公司
产品名称:长款女士羊绒大衣　　　　　　　　　　　　　　　　　　　　　　　　　　　　单位:元

项　　目	数量(件)	金额
期初存货	0	
本期生产	800	
本期销售	750	
期末存货	50	
销售单价		800.00
单位变动生产成本		410.00
其中:直接材料费		300.00
直接人工费		90.00
变动制造费用		20.00
单位变动非生产成本(即:单位变动销售费用)		10.00
单位边际贡献		380.00
固定生产成本		8 000.00
其中:固定制造费用		8 000.00
固定非生产成本		9 500.00
其中:固定管理费用		5 000.00
固定销售费用		4 500.00

制表人:张悦　　　　　　　　　　　　　　　　　　　　　　　　　　　　　复核人:李明虎

第三步:计算边际贡献总额、税前利润,以变动成本法编制利润表

根据生产成本与销售成本分解表,按照销售收入、变动成本及固定成本、边际贡献总额、税前利润的顺序以变动成本法编制利润表。

计算过程如下:

(1)销售收入＝销售数量×销售单价＝800×750＝600 000(元)

(2)变动生产成本＝单位变动生产成本×销售数量＝410×750＝307 500(元)

(3)变动非生产成本＝单位变动非生产成本×销售数量＝10×750＝7 500(元)

(4)变动成本＝变动生产成本＋变动非生产成本＝307 500＋7 500＝315 000(元)

(5)边际贡献总额＝销售收入－变动成本＝600 000－315 000＝285 000(元)

或:边际贡献总额＝单位边际贡献×销售数量＝380×750＝285 000(元)

(6)固定生产成本＝固定制造费用＝8 000(元)

(7)固定非生产成本＝9 500(元)

(8)固定成本＝固定生产成本＋固定非生产成本＝8 000＋9 500＝17 500(元)

(9)税前利润＝边际贡献总额－固定成本＝边际贡献总额－(固定生产成本＋固定非生产成本)

$$＝285 000－17 500＝267 500(元)$$

以变动成本法编制利润表,具体见表1-41所示。

表 1-41

利润表(变动成本法)

202×年 7 月

编制单位:上海小幸福服饰公司
产品名称:长款女士羊绒大衣　　　　　　　　　　　　　　　　　　　　　　　单位:元

项　　目	金额
销售收入	**600 000.00**
减:变动成本	315 000.00
其中:变动生产成本	307 500.00
变动非生产成本(销售变动成本)	7 500.00
边际贡献总额	**285 000.00**
减:固定成本	17 500.00
其中:固定生产成本(固定制造费用)	8 000.00
固定非生产成本(管理费用+固定销售费用)	9 500.00
息税前利润	**267 500.00**

制表人:张悦　　　　　　　　　　　　　　　　　　　　　　　　　　复核人:李明虎

第四步:对比分析完全成本法下利润表与变动成本法下利润表的差异

表 1-42

变动成本法下的利润表与财务报表的利润表比对表

202×年 7 月

编制单位:上海小幸福服饰公司
产品名称:长款女士羊绒大衣　　　　　　　　　　　　　　　　　　　　　　　单位:件

财务会计下的利润表			管理会计下的利润表			
完全成本法		金额	变动成本法			金额
销售收入(营业收入)		600 000.00	销售收入			600 000.00
减:销售成本	直接材料	225 000.00	减:成本	变动成本	变动生产成本　直接材料	225 000.00
	直接人工	67 500.00			直接人工	67 500.00
	制造费用(变动制造费用+固定制造费用)	22 500.00			变动制造费用	15 000.00
	小计	315 000.00			小计	307 500.00
减:期间费用	销售费用	12 000.00		变动非生产成本	变动销售费用	7 500.00
	财务费用	0.00	边际贡献总额			285 000.00
	管理费用	5 000.00	减:成本	固定成本	固定生产成本　固定制造费用	8 000.00
营业利润		268 000.00			固定非生产成本　固定管理费用	5 000.00
加:营业外收入		0.00			固定销售费用	4 500.00
减:营业外支出		0.00				
利润总额		**268 000.00**	**利润总额**			**267 500.00**

编制人:张悦　　　　　　　　　　　　　　　　　　　　　　　　　　复核人:李明虎

分析：

　　财务会计下的利润表（完全成本法）的利润总额为 268 000 元，管理会计下的利润表（变动成本法）的利润总额为 267 500 元，两者相差 500 元为完全成本法下计算销售成本时，将固定制造费用 8 000 元按照生产完工产品 800 件进行分摊后的单位固定制造费用 10 元（8 000÷800）与销售数量 750 件计算的 7 500 元（750×10），也就是说库存 50 件产品承担剩下的固定制造费用 500 元（8 000÷800×50）。而变动成本法下计算固定成本时的固定制造费用是按照全部的固定制造费用 8 000 元计算的，不区分已销产品和未销产品（即库存 50 件）应承担的固定制造费用，因此，两者利润总额相差 500 元，即：完全成本法下计算的利润总额大于变动成本法下计算的利润总额 500 元。

四、要点提示

　　灵活运用财务数据、非财务数据及所学技能，计算并以变动成本法编制利润表。在计算边际贡献时，注意不能混淆变动成本与固定成本；在计算息税前利润时，注意不能混淆边际贡献与利润总额。

　　以变动成本法综合编制利润表的注意事项及策略，具体见表 1－43 所示。

表 1－43　　　　　　　以变动成本法综合编制利润表的注意事项及策略

序号	注意事项	具体操作	岗位要求
1	搜集资料，筛选整理有用信息，注意财务信息与业务信息结合分析	筛选整理以变动成本法编制利润表所需用的财务与非财务信息，结合分析计算出含有单位变动成本与单位固定成本的产品生产成本表	业财融合：筛选整理以变动成本法编制利润表所需的财务信息，以及与之相关的业务信息结合分析，归纳出与变动成本有关的成本因素
2	运用《管理会计应用指引》的成本管理工具，应据实选择计算公式；在运用公式计算边际贡献时，注意变动成本与固定成本不能混淆；计算息税前利润时，注意边际贡献与利润总额不能混淆	运用成本管理工具按照顺序分别计算变动成本及固定成本、边际贡献总额及息税前利润	计算变动成本及固定成本、边际贡献总额及息税前利润金额要正确
3	运用 Excel 等工具以变动成本法编制利润表时，注意设置表格应具有完整性、正确性、实用性	运用 Excel 等工具以变动成本法编制利润表时，每张表格设计要有表头、表身、表尾，内容要符合企业的需要，简单明了	运用 Excel 等工具编制每张表格时，设置表格内容完整，设计形式合理实用、美观清晰
4	运用 Excel 等工具编制变动成本法下的利润表时，注意计算及编制的步骤	按照顺序分别编制产品生产成本表、生产成本与销售成本分解表、变动成本法利润表，每个步骤要设置计算公式，按照先后顺序编制	运用 Excel 等工具编制变动成本法下的利润表时，按照三个步骤编制 3 张表格

五、学习结果评价

通过本项目综合实训的学习,应掌握以下技能,按照此评价表对综合编制变动成本法下的利润表的结果评价,见表 1 - 44 所示。

表 1 - 44　　　　　　　　　综合编制变动成本法下的利润表的评价表

序号	评价内容	评价标准	评价分值
1	筛选整理企业财务信息与非财务信息,编制产品生产成本表	计算单位产品材料费用	5 分
		计算单位产品人工费用	5 分
		计算单位产品变动制造费用	5 分
		计算制造费用	5 分
		计算管理费用	5 分
		计算销售费用	5 分
2	计算单位变动生产成本及单位变动非生产成本、固定生产成本及固定非生产成本;并编制生产成本与销售成本分解表	计算单位变动生产成本	5 分
		计算单位变动非生产成本	5 分
		计算固定生产成本	5 分
		计算固定非生产成本	5 分
		编制生产成本与销售成本分解表	10 分
3	计算边际贡献总额、息税前利润,编制变动成本法下的利润表	计算变动成本	5 分
		计算固定成本	5 分
		计算边际贡献总额	10 分
		计算息税前利润	10 分
		编制变动成本法下的利润表	10 分

📖 课后作业

一、业务描述

业务资料沿用"职业能力 1　能计算变动成本法下的成本"的"课后作业"资料,即上海嘻嘻食品公司资料。假设 9 月份由于定制包装瓶成本涨价,包装瓶由 5 元/罐变为 6 元/罐分配。其他条件不变,9 月生产销售情况见表 1 - 45 所示。

表 1 - 45　　　　　　　　　　　　产销量明细表

202×年 9 月 30 日

编制单位:上海嘻嘻食品公司

产品名称:柚子茶　　　　　　　　　　　　　　　　　　　　　　　　　　　　单位:罐

项目	数量	小计
期初存货	50	50
本期生产	700	700
本期销售	750	750
期末存货	0	0

制表人:黄英　　　　　　　　　　　　　　　　　　　　　　　　　　　　复核人:刘新

二、作业要求

根据相关资料,请帮助财务部成本会计岗位人员黄英以变动成本法编制 9 月生产销售柚子茶的利润表,以便于企业进行盈利能力分析。具体要求如下:

(1)写出以变动成本法编制利润表的步骤;

(2)计算单位变动生产成本及单位变动非生产成本、固定生产成本及固定非生产成本;

(3)运用 Excel 等工具编制生产成本与销售成本分解表;

(4)计算边际贡献总额、税前利润;

(5)运用 Excel 等工具以变动成本法编制利润表;

(6)总结编制变动成本法下的利润表的要点、工作过程的易错事项,以及与各部门协调的注意事项。

(7)请思考该企业要如何做,既能遵纪守法又能开源节流,并做好成本管控。

项目二

增产节支比贡献
——本量利分析

本项目职业能力

本量利分析

工作任务一　计算分析边际贡献率及变动成本率 —— 职业能力　能计算分析边际贡献率及变动成本率

工作任务二　计算分析盈亏平衡点及目标利润
- 职业能力1　能计算分析盈亏平衡点
- 职业能力2　能运用本量利模型计算分析息税前利润
- 职业能力3　能计算分析目标利润

工作任务三　计算安全边际与安全边际率 —— 职业能力　能计算分析安全边际与安全边际率

本项目综合实训 —— 分析盈亏平衡点（小型服务业企业）的案例

学习目标

通过本项目的学习,能理解本量利模型的要点;掌握边际贡献率及变动成本率的计算分析,运用本量利模型计算分析息税前利润、目标利润、安全边际与安全边际率;在企业实践工作中能运用本量利模型计算盈亏平衡点,分析企业息税前利润。能认真细心地对财务信息及非财务信息进行筛选、加工、整理、计算,灵活运用本量利模型分析盈亏平衡点,满足企业管理者了解企业经营业绩的需求。

重点难点

◆ 学习重点

- 计算分析边际贡献率及变动成本率;
- 计算分析盈亏平衡点;
- 运用本量利模型计算分析息税前利润;
- 计算分析目标利润;
- 计算分析安全边际与安全边际率;
- 筛选整理企业财务信息与非财务信息,编制相关内部报表。

◆ 学习难点

- 计算分析边际贡献率及变动成本率;
- 计算分析盈亏平衡点;
- 运用本量利模型计算分析息税前利润;
- 计算分析目标利润;
- 计算分析安全边际与安全边际率;
- 筛选整理企业财务信息与非财务信息,编制相关内部报表;
- 灵活运用本量利模型分析盈亏平衡点,满足企业管理者了解企业经营业绩的需求。

工作任务一
计算分析边际贡献率及变动成本率

职业能力　能计算分析边际贡献率及变动成本率

核心概念

边际贡献率　变动成本率

学习目标

- 能厘清边际贡献与边际贡献率的关系；
- 能运用 Excel 等工具计算边际贡献率；
- 能运用 Excel 等工具计算变动成本率；
- 能根据企业实情选择适用的应用工具，仔细计算、灵活分析边际贡献率及变动成本率，具备认真工作的精神。

基本知识

一、边际贡献率

边际贡献率是指边际贡献在销售收入中所占的百分比，可以理解为每产生 1 元销售收入时边际贡献所占的比重，它反映产品给企业做出贡献的能力。

$$边际贡献率 = \frac{边际贡献总额}{销售收入} \times 100\% = \frac{销售收入 - 变动成本总额}{销售收入} \times 100\%$$

$$单位边际贡献率 = \frac{单位边际贡献}{单价} \times 100\% = \frac{单价 - 单位变动成本}{单价} \times 100\%$$

二、变动成本率

变动成本率是与边际贡献率相对应的概念，因此变动成本率也称为补偿率，是变动成本在销售收入中所占的比重，反映每 1 元销售收入中的变动成本是多少。

$$变动成本率＝\frac{变动成本}{销售收入}×100\%$$

$$单位变动成本率＝\frac{单位变动成本}{单价}×100\%$$

根据"边际贡献总额（简称：边际贡献）＝销售收入－变动成本"的等式两边同时除以销售收入：

$$\frac{边际贡献}{销售收入}＝\frac{销售收入}{销售收入}－\frac{变动成本}{销售收入}$$

其中：$\frac{边际贡献}{销售收入}＝$边际贡献率；$\frac{销售收入}{销售收入}＝1$；$\frac{变动成本}{销售收入}＝$变动成本率

因此，上述等式可以表述为：

$$边际贡献率＝1－变动成本率$$

将变动成本率移项至等式左边，则可表述为：

$$边际贡献率＋变动成本率＝1$$

边际贡献率与变动成本率这两个用以表明企业盈利能力的指标是此消彼长的。边际贡献率越高，变动成本率越低，表明企业的盈利能力越强。

能力训练

一、业务描述

上海纯棉时光服装公司 202×年 7 月生产并销售围巾 10000 件，围巾的销售价格定为 30 元/条。生产一条围巾需要棉布 2 米，每米由原先的 2 元涨价为 2.5 元，各色的缝纫线等辅助材料 1 元，围巾的材料费用按 6 元/条进行分配。

生产车间有 90 名员工缝制围巾，其工资采用计件工资核算，每制作一条围巾 4 元人工费。在生产围巾的过程中产生水电费等间接费用按照 2 元/条围巾进行分配。厂房及缝纫机的租赁费用 45000 元/月，2 名管理人员工资均为 5000 元/月。（假设不考虑其他税费。本公司成本会计岗位人员张静，会计主管李艳。）

二、工作要求

根据以上资料，请帮助会计张静运用边际贡献率和变动成本率分析企业的盈利状况，具体要求如下：

（1）运用 Excel 等工具梳理成本资料编制单位生产成本计算表；

（2）计算单位变动成本、销售收入、单位边际贡献；

（3）计算边际贡献率与变动成本率；

（4）运用 Excel 等工具编制变动成本率计算表；

（5）运用边际贡献率与变动成本率分析企业盈利状况。

三、工作过程

根据业务资料运用本量利模型分别计算产品的销售收入和变动成本，进而计算边际贡献率和变动成本率。根据以上资料，首先运用 Excel 等工具梳理基础资料并编制单位生产成本计算表，其次计算单位变动成本、销售收入、单位边际贡献，再次计算边际贡献率与变动成本率，最后根据计算结果分析得出结论。

第一步：编制单位生产成本计算表

具体操作见表 2-1 所示。

表 2-1

单位生产成本计算表

202×年 7 月 31 日

编制单位：上海纯棉时光服装公司

产品名称：围巾

单位：元

项　目	金额
单位直接材料	6.00
单位直接人工	4.00
单位变动制造费用	2.00
单位变动生产成本	**12.00**

制表人：张静　　　　　　　　　　　　　　　　　　　　　　　　　复核人：李艳

第二步：计算单位变动成本、销售收入、单位边际贡献

计算过程如下：

（1）单位变动生产成本＝直接材料＋直接人工＋变动制造费用＝6＋4＋2＝12（元）

（2）单位变动非生产成本＝单位变动销售管理费用＝0（元）

（3）单位变动成本＝单位变动生产成本＋单位变动非生产成本＝12＋0＝12（元）

（4）销售收入＝单价×销售量＝30×10 000＝300 000（元）

（5）单位边际贡献＝单价－单位变动成本＝30－12＝18（元）

第三步：计算边际贡献率与变动成本率

计算过程如下：

（1）边际贡献率＝$\dfrac{单位边际贡献}{单价}$×100%＝18÷30×100%＝60%

（2）变动成本率＝$\dfrac{单位变动成本}{单价}$×100%＝12÷30×100%＝40%

第四步：编制边际贡献率和变动成本率计算表

根据以上资料及计算，运用 Excel 等工具编制边际贡献率和变动成本率计算表，具体操作见表 2-2 所示。

表 2-2

边际贡献率和变动成本率计算表

202×年 7 月 31 日

编制单位:上海纯棉时光服装公司

产品名称:围巾   单位:元

项 目	金额
单位直接材料	6.00
单位直接人工	4.00
单位变动制造费用	2.00
单位变动成本合计	**12.00**
销售单价	**30.00**
边际贡献率	60%(1-40%)
变动成本率	40%(12÷30×100%)

制表人:张静   复核人:李艳

第五步:得出结论

　　由于边际贡献率与变动成本率之和等于 1,所以,边际贡献率与变动成本率是此消彼长的关系,用以表明企业盈利能力的指标。边际贡献率越高,变动成本率越低,表明企业的盈利能力越强。该公司的边际贡献率为 60%,变动成本率为 40%,边际贡献率超过了变动成本率,说明公司的边际贡献大于变动成本,表明该公司总体的盈利能力尚可。

四、要点提示

　　运用所学技能,熟练灵活区分边际贡献率和变动成本率,是企业进行正确经营决策的重要前提。

　　计算分析边际贡献率及变动成本率的注意事项及策略,具体见表 2-3 所示。

表 2-3   计算分析边际贡献率及变动成本率的注意事项及策略

序号	注意事项	具体操作	岗位要求
1	搜集资料,筛选整理有用信息,注意财务信息与业务信息的区别	筛选整理计算边际贡献和边际贡献率的财务信息、与之相关的业务信息结合分析,归纳出企业收入和变动成本信息	业财融合:筛选整理计算边际贡献和边际贡献率所需用的收入和变动成本信息,结合案例判断财务信息的类型
2	在运用《管理会计应用指引》进行企业盈利分析时应注意根据决策所需选择合适的指标	根据已知数据特点,合理确定用总量数据还是单位数据计算边际贡献率	正确计算边际贡献与边际贡献率

❓ 问题情境一

假设你是某奶茶店会计,经理让你分析企业的盈利能力,在企业经营过程中要如何根据实情所需,分析企业盈利状况是选择边际贡献率还是变动成本率指标呢?

解析思路: 计算企业的利润率或获利能力,应选择运用边际贡献率。通常来说边际贡献率越高,表明企业的盈利能力越强。边际贡献率与变动成本率之和等于1,说明边际贡献率与变动成本率是表明企业盈利能力此消彼长的两个指标。只要计算出边际贡献率就可以得出变动成本率,边际贡献率越高变动成本率就越低,表明企业的盈利能力越强。具体见图2-1所示。

图2-1 计算分析边际贡献率与变动成本率的难点解析图1

❓ 问题情境二

假设你是某奶茶店会计,在计算边际贡献和边际贡献率时,不容易筛选出有用信息,你会怎样从大量的资料中筛选有用信息呢?

解析思路: 需要从多维的财务数据信息和业务数据信息中筛选。计算边际贡献和边际贡献率需要的是财务部门销售收入数据及销售人员的销售详细清单、从生产人员获取详细的生产成本资料等有用信息。具体见图2-2所示。

图2-2 计算分析边际贡献率与变动成本率的难点解析图2

五、学习结果评价

通过本项目职业能力的学习，应掌握以下技能，按照此评价表对计算边际贡献率及变动成本率的结果进行评价，见表 2-4 所示。

表 2-4　　　　　　　　　　　计算边际贡献率及变动成本率评价表

序号	评价内容	评价标准	评价分值
1	编制单位生产成本计算表	确认单位直接材料及人工	10 分
		确认变动制造费用	5 分
		确认销售单价及销售量	10 分
2	计算单位变动成本、销售收入、单位边际贡献	计算单位变动成本	15 分
		计算销售收入	5 分
		计算单位边际贡献	5 分
3	计算边际贡献率和变动成本率	计算边际贡献率	10 分
		计算变动成本率	10 分
4	编制边际贡献率和变动成本率计算表	编制边际贡献率和变动成本率计算表	20 分
5	得出结论	运用边际贡献率与变动成本率分析企业盈利能力	10 分

📖 课后作业

一、业务描述

上海某音乐茶餐厅当季推出名为"遇见东坡肉"的新菜。这道菜每份售价为 30 元，制作东坡肉需要新鲜上好的五花肉 80 克，每克 0.08 元；葱姜蒜 6 克，每克 0.02 元；黄酒 8 克，每克 0.01 元；生抽、老抽 10 克，每克 0.02 元；冰糖 10 克，每克 0.02 元。

后厨有 10 名厨师同时负责烹制东坡肉，每名厨师烹制一份东坡肉会给他发放 6 元的工资；在洗菜、煮肉的过程中产生的水、电、燃气费等按 3 元/份菜品分配。

餐厅在商场的月租金为 45 000 元；一名店长负责管理餐厅月工资 5 000 元。

餐厅拟再推出新品菜——麻婆豆腐，预计每份售价 15 元，制作 1 份成本 8 元。（假设不考虑其他税费。本餐厅记账员华悦，经营者沈毅。）

二、作业要求

根据以上资料，请帮助经营者运用边际贡献率和变动成本率分析企业盈利状况作出决策：

（1）运用 Excel 等工具梳理成本资料编制单位生产成本计算表；

（2）计算单位变动成本、销售收入、单位边际贡献；

（3）计算边际贡献率、变动成本率；

（4）运用 Excel 等工具编制边际贡献率和变动成本率计算表；

（5）判断是否需要用"麻婆豆腐"来代替"遇见东坡肉"。

工作任务二
计算分析盈亏平衡点及目标利润

职业能力1　能计算分析盈亏平衡点

核心概念

盈亏平衡点　盈亏平衡点销售量　盈亏平衡点销售额

学习目标

- 能计算分析盈亏平衡点销售量；
- 能计算分析盈亏平衡点销售额；
- 能计算分析单一产品盈亏平衡点销售量；
- 能计算分析单一产品盈亏平衡点销售额；
- 具备仔细认真、灵活运用单一产品盈亏平衡点销售量和销售额计算分析企业经营状况的工作态度。

基本知识

一、盈亏平衡点的概念

边际贡献总额是销售收入总额与其变动成本总额之间的差额。用公式表现为：

$$边际贡献总额＝销售收入－变动成本＝单位边际贡献×销售量$$
$$单位边际贡献＝单价－单位变动成本$$

如果用 x 表示业务量，y 表示收入、成本，a 表示固定成本，b 表示单位变动成本，p 表示单价，那么，上述边际贡献＝$px－bx＝(p－b)x$，同时，单位边际贡献＝$p－b$。以基本本量利关系图来表示，具体见图 2-3 所示。

当边际贡献总额等于固定成本时，不盈利也不亏损，达到盈亏平衡。

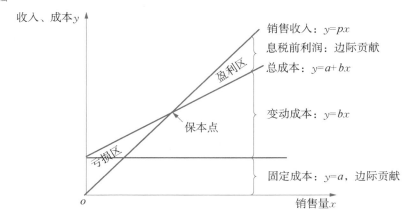

图 2 - 3　基本本量利关系图

盈亏平衡点也叫保本点、盈亏临界点,通常是指全部销售收入等于全部成本时的产量,即销售收入线与总成本线的交点。盈亏平衡点的达成条件是边际贡献总额＝固定成本,由此得到:盈亏平衡点销售量即全部销售收入等于全部成本时的销售量;盈亏平衡点销售额即全部销售收入等于全部成本时的销售额。

盈亏平衡点的分析:总收入线表明,在售价一定的情况下,收入与销售量呈正比。企业的总成本包括变动成本和固定成本,其中固定成本不随销售量变化,而变动成本与企业的销售量呈正比。当总成本线与总收入线相交时,该相交的点所对应的销售量即盈亏平衡点,销售量对应的销售额即盈亏平衡点的销售额。具体见图 2 - 4 所示。

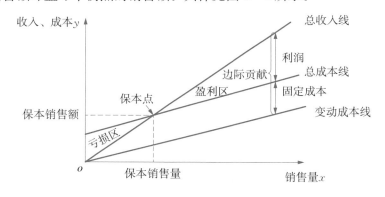

图 2 - 4　边际贡献式本量利关系图

图 2 - 4 为边际贡献式本量利关系图,其特点是将基本本量利模型中被割裂的边际贡献整合在一起,直观地表现为边际贡献就是固定成本加息税前利润,保本的基本条件是边际贡献等于固定成本。当边际贡献大于固定成本时,即为盈利;当边际贡献小于固定成本时,即为亏损。

二、盈亏平衡点的应用工具

根据《管理会计应用指引》相关文件规定得知,计算盈亏平衡点销售量和销售额,所用到的应用工具有:

单位变动生产成本＝直接材料＋直接人工＋变动制造费用

单位变动非生产成本＝单位变动销售管理费用

单位变动成本＝单位变动生产成本＋单位变动非生产成本

固定成本＝固定制造费用＋固定管理费用＋固定销售费用

$$单一产品盈亏平衡点销售量＝\frac{固定成本}{单价－单位变动成本}$$

$$单一产品盈亏平衡点销售额＝单一产品盈亏平衡点销售量×单价＝固定成本×\frac{单价}{单价－单位变动成本}＝\frac{固定成本}{\frac{单价－单位变动成本}{单价}}$$

仍然以图 2-3 基本本量利关系图来解释,其中单位变动生产成本和单位变动非生产成本之和,也就是单位变动成本,对应图中变动成本的斜率 b;固定成本对应图中 $y＝a$;单一产品盈亏平衡点销售量为横坐标所对应的销售量;单一产品盈亏平衡点销售额为纵坐标所对应的销售收入($y＝px$,其中 p 为单价,x 为销售量)。

能力训练

一、业务描述

榴莲王蛋糕店在经过一段时间的经营后,业务扩大很快,本月扩大店面,增加租赁商场铺面 20 平方米、烤箱 4 台,从 7 月开始商场店铺的租赁费、烤箱的租赁费共计 40 000 元/月。新款榴莲小蛋糕的单价为 50 元。制作一个新款榴莲小蛋糕需要的原材料:低筋面粉 100 克,每克 0.05 元;黄油 30 克,每克 0.02 元;细砂糖 20 克,每克 0.02 元;牛奶 50 毫升,每毫升0.02 元;鸡蛋 2 个,每个 1 元;榴莲 20 克,每克 0.05 元。

店铺后厨有三名甜品师负责蛋糕的制作:一名负责称量材料并按重量分好所需的食材,一名负责将材料按步骤制作,一名负责烤制。这三人的工资与制作蛋糕的数量挂钩,烤制 1个蛋糕三人共领取 15 元工资。在制作蛋糕的过程中产生水电费按 5 元/个分配。

在店铺内有两名员工负责管理工作,月工资均为 5 000 元。

根据 7 月生产记录共生产 3 000 个蛋糕。(假设不考虑税费。本蛋糕店记账员李月,经营者黄奕。)

二、工作要求

根据以上资料,请帮助经营者运用本量利模型计算盈亏平衡点的销售量与销售额,分析该店怎样才能达到保本。具体要求如下:

（1）计算制作一个榴莲小蛋糕所需材料费用、人工费、水电费;

（2）计算本期生产榴莲小蛋糕总成本。并用 Excel 等工具编制成本计算表;

（3）计算榴莲王蛋糕店的盈亏平衡点销售量和销售额；

（4）根据计算结果，分析企业怎样才能达到保本。

三、工作过程

根据以上资料，计算分析盈亏平衡点，首先计算变动成本、固定成本，其次计算产品总成本，编制成本计算表；再次计算盈亏平衡点销售量和销售额；最后根据计算结果分析，该店怎样才能达到保本，即达到边际贡献＝固定成本。具体工作步骤如下：

第一步：计算产品单位变动成本

计算制作一个榴莲小蛋糕所需材料费用、人工费、水电费，即产品单位变动成本。

材料费用＝$100 \times 0.05 + 30 \times 0.02 + 20 \times 0.02 + 50 \times 0.02 + 2 \times 1 + 20 \times 0.05 = 10$（元/个）

人工费＝15（元/个）

水电费＝5（元/个）

单位变动生产成本＝直接材料＋直接人工＋变动制造费用＝$10 + 15 + 5 = 30$（元）

单位变动非生产成本＝单位变动销售管理费用＝0（元）

单位变动成本＝单位变动生产成本＋单位变动非生产成本＝$30 + 0 = 30$（元）

第二步：计算总成本，运用 Excel 工具编制成本计算表

变动成本＝单位变动成本×生产量＝$30 \times 3\,000 = 90\,000$（元）

固定生产成本＝固定制造费用＝40 000（元）

固定非生产成本＝固定管理费用＝10 000（元）

固定成本＝固定生产成本＋固定非生产成本＝$40\,000 + 10\,000 = 50\,000$（元）

总成本＝变动成本＋固定成本＝$90\,000 + 50\,000 = 140\,000$（元）

具体成本计算如表 2-5 所示：

表 2-5

成本计算表

202× 年 7 月 31 日

编制单位：榴莲王蛋糕店

产品名称：榴莲小蛋糕

单位：元

项目	产量(个)	单位成本	总成本
生产量	3 000		
直接材料		10. 00	30 000. 00
直接人工		15. 00	45 000. 00
变动制造费用		5. 00	15 000. 00
变动成本合计		**30. 00**	**90 000. 00**
固定制造费用			40 000. 00
管理费用			10 000. 00
固定成本合计			**50 000. 00**
总成本合计			**140 000. 00**

制表人：李月

复核人：黄奕

第三步:计算单一产品盈亏平衡点销售量和销售额

假设盈亏平衡销售量为 x,根据题意:

$$单一产品盈亏平衡点销售量 = \frac{固定成本}{单价 - 单位变动成本}$$

$$= \frac{50\,000}{50 - 30} = 2\,500(个)$$

$$单一产品盈亏平衡点销售额 = 单一产品盈亏平衡点销售量 \times 单价$$

$$= 2\,500 \times 50 = 125\,000(元)$$

第四步:分析盈亏平衡点销售量和销售额,得出结论

根据上述计算过程,用图 2-5 边际贡献式本量利关系分析盈亏平衡点(保本点)如下:

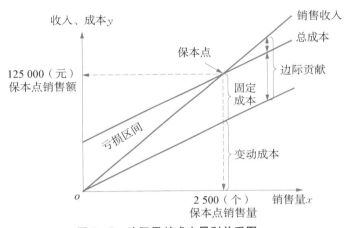

图 2-5 边际贡献式本量利关系图

该店销售量达到 2 500 个时,可以达到盈亏平衡(即实现保本)。当销售量超过盈亏平衡点销售量时,才能实现盈利;反之当销售量低于盈亏平衡点销售量时,企业将面临亏损。

由于该店当期实际的销售量为 3 000 个,超过了盈亏平衡点销售量 2 500 个,所以该店当期实现了盈利。

四、要点提示

运用所学技能熟练灵活区分变动成本与固定成本,是进行盈亏平衡点计算的重要前提。注意要将变动制造费用计入到变动成本,固定制造费用计入固定成本,不要混淆变动制造费用与固定制造费用。

计算分析盈亏平衡点的注意事项及策略,具体见表 2-6 所示。

表 2-6   计算分析盈亏平衡点的注意事项及策略

序号	注意事项	具体操作	岗位要求
1	搜集资料,筛选整理有用信息,注意将财务信息与业务信息结合分析	筛选整理计算盈亏平衡点销售量和销售额的财务信息、与之相关的业务信息结合分析,归纳出企业收入和成本信息	筛选整理计算盈亏平衡所需用的收入和成本信息,结合案例信息选择判断有用的财务信息与业务信息
2	运用成本管理工具计算盈亏平衡点时,注意区分变动成本与固定成本,不要混淆概念	运用成本性态规则判断变动成本与固定成本,进一步计算边际贡献	熟练计算变动成本及固定成本,准确计算边际贡献
3	运用成本管理工具计算盈亏平衡点时,注意找出盈亏平衡点	盈亏平衡点是当边际贡献＝固定成本时,总成本线与总收入线相交时,该相交的点所对应的销售量即盈亏平衡点,销售量对应的销售额即盈亏平衡点的销售额	熟练找出盈亏平衡点
4	计算单一产品盈亏平衡点的销售量与销售额	根据企业实际情况及筛选出的有用信息,用固定成本、单位变动成本、单价计算单一产品盈亏平衡点的销售量与销售额	正确计算单一产品盈亏平衡点销售量与销售额

❓ 问题情境一

假设你是某奶茶店会计,在给经理汇报分析本月主打产品的盈亏平衡点,计算盈亏平衡点销售量和销售额时,要怎样才能筛选出有用信息进行决策?

解析思路:在计算盈亏平衡点销售量和销售额时,为避免出现筛选出无用信息,要多维度地从财务和非财务数据中筛选出,与计算盈亏平衡点销售量和销售额所需信息,如:水电费中受产销量影响的部分筛选出来作为变动制造费用处理,不受产销量影响的部分则筛选出来作为固定制造费用处理;偶然支付的相关部门罚款支出就是无用信息,可剔除不做考虑。具体见图 2-6 所示。

图 2-6 筛选有用信息的办法示意

? 问题情境二

假设你是某奶茶店会计,在计算本月新推出产品的盈亏平衡点销售量和销售额时,实际销售量是否有用如何判断?

解析思路:此时实际销售量是无用的。因为盈亏平衡点销售量是企业的保本点销售量,与实际销售量并非一致,所以在计算盈亏平衡点销售量时实际销售量的数据是用不上的。

五、学习结果评价

通过本项目职业能力的学习,应掌握以下技能,按照此评价表对计算盈亏平衡点的结果进行评价,具体见表2-7所示。

表2-7   计算盈亏平衡点评价表

序号	评价内容	评价标准	评价分值
1	计算单位变动成本	计算单位变动生产成本	10分
		计算单位变动非生产成本	10分
		计算单位变动成本	10分
2	计算总成本,并用Excel等工具编制成本明细表	计算变动成本	5分
		计算固定生产成本	5分
		计算固定非生产成本	5分
		计算固定成本	5分
		计算总成本	5分
		用Excel等工具编制成本明细表	15分
3	计算单一产品盈亏平衡点销售量与销售额	计算单一产品盈亏平衡点销售量	10分
		计算单一产品盈亏平衡点销售额	10分
4	分析盈亏平衡点销售量和销售额,得出结论	分析单一产品盈亏平衡点销售量和销售额:超过的部分为盈利	10分

📖 课后作业

一、业务描述

上海纯棉时光服装公司4月生产一批新款围巾,围巾的销售价暂定为30元/条。生产一条围巾所需原材料:棉花80克,每克0.02元;棉布2米,每米2元;各色的缝纫线0.4元。

生产车间有90名生产工人负责缝制围巾,采用计件工资形式发放其工资,每生产一条围巾的工资4元;在围巾生产过程中产生的水电费等间接费用按2元/条分配。

本公司厂房及缝纫机均为经营租赁,月租赁费用为 45 000 元;1 名管理人员,月工资 5 000 元;4 月生产并销售围巾 10 000 件。

二、作业要求

根据以上资料,请帮助公司会计张静分析围巾盈亏平衡点的销售量和销售额,具体要求如下:

（1）计算生产一条围巾所需的材料费、人工费、水电费;

（2）计算生产一条围巾的成本。并用 Excel 等工具编制成本计算表;

（3）运用本量利分析公司的盈亏平衡点销售量和销售额。

职业能力 2　能运用本量利模型计算分析息税前利润

核心概念

本量利分析　本量利模型

学习目标

- 能根据任务要求,理清本量利分析中的成本、业务量及利润三要素的关系;
- 能说出本量利模型的适用范围;
- 能利用本量利模型计算分析息税前利润;
- 具备仔细认真、细致灵活的工作态度。

基本知识

一、本量利分析

本量利分析是以成本性态分析和变动成本法为基础,运用数学模型和图式,对成本、利润、业务量与单价等因素之间的依存关系进行分析,发现规律性,为企业预测、决策、计划和控制等活动提供支持。

二、本量利模型

本量利模型是研究成本—业务量—利润之间关系的一种短期决策工具,也称为 CVP 模型(因为"成本—业务量—利润"的英文为"Cost—Volume—Profit")。根据"利润＝收入－成本"的关系式,其中从企业内部经营决策角度,总成本包括变动成本和固定成本两部分,进一步将上式分解为:

息税前利润＝收入－成本

　　　　　　＝单价×销售量－（变动成本＋固定成本）

　　　　　　＝单价×销售量－（单位变动成本×销售量＋固定成本）

　　　　　　＝单价×销售量－单位变动成本×销售量－固定成本

如果仍然用 x 表示业务量，y 表示收入、成本，a 表示固定成本，b 表示单位变动成本，p 表示单价，用基本本量利关系图来表示，具体见前述图 2-3 所示。

其中总成本（$y=a+bx$）包括固定成本（$y=a$）和变动成本（$y=bx$），销售收入（$y=px$）与变动成本之差为边际贡献，即为固定成本及息税前利润。其中单位变动生产成本和单位变动非生产成本之和，也就是单位变动成本，对应图中变动成本的斜率 b；固定成本对应图中（$y=a$）；单一产品盈亏平衡点对应的横坐标为盈亏平衡点销售量，纵坐标对应的销售收入（$y=px$）为盈亏平衡点销售额。

在短期经营决策中，本量利模型是最常用的决策模型之一。该模型有两大用途：第一，预测企业息税前利润；第二，预测企业经营风险。由于盈利和相应的风险都可用 CVP 模型进行预测，因此，该模型在企业实际经营活动中应用十分广泛。

三、本量利模型的应用前提

CVP 模型的应用需要有一定的前提假设，只有满足这些假设才可以用该模型进行经营决策，而这几大假设也可以看成是 CVP 模型的适用范围，即：①企业的总成本分解成固定成本和变动成本；②假设 p、b 和 a 已知且不变；③相关范围内的线性关系成立；④收入和成本的变化只与 x 有关；⑤产销量一致；⑥单一产品或明确的产品组合。

四、本量利模型的应用工具

在工作中运用本量利模型，计算分析息税前利润所用到的《管理会计应用指引》中的相关工具如下：

　　售价＝单价×销售量

　　单位变动生产成本＝单位直接材料＋单位直接人工＋单位变动制造费用

　　变动成本＝变动生产成本＋变动非生产成本

　　变动生产成本＝单位变动生产成本×销售数量

　　变动非生产成本＝单位变动非生产成本×销售数量

　　息税前利润＝单价×销售量－单位变动成本×销售量－固定成本

单位直接材料、单位直接人工和单位变动制造费用构成了单位变动成本，固定制造费用和固定销售管理费用构成了固定成本，总成本包括固定成本和变动成本，销售收入减去总成本后得到息税前利润。如果用基本本量利分析图表示，具体见图 2-7 所示。

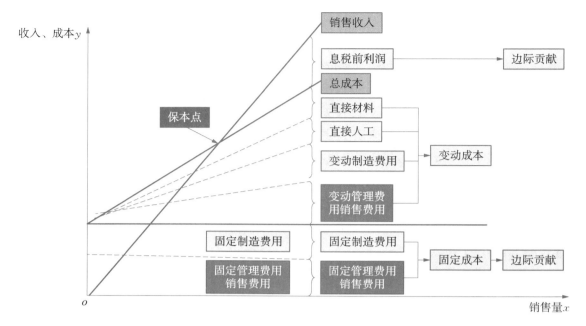

图 2-7   基本本量利分析图

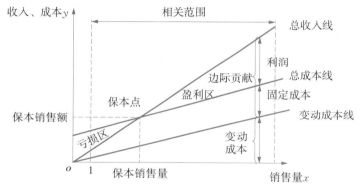

图 2-8   边际贡献式本量利分析图

如果用边际贡献式本量利分析图表示,具体见图 2-8 所示。

图 2-8 所示的边际贡献式本量利分析图,其特点是固定成本被置于变动成本的上方,即把割裂的边际贡献整合在一起,反映出企业在不同销售量或不同销售额下的边际贡献水平,即企业盈利状况,反映了边际贡献与固定成本的关系。当销售量(销售额)的边际贡献等于固定成本时,正好在盈亏平衡点上,企业不盈利也不亏损,达到损益平衡;当销售量(销售额)的边际贡献大于固定成本时,企业盈利,销售量越高,利润也就越大。反之,当销售量(销售额)小于盈亏平衡点,企业亏损,销售量越低,亏损也就越大。

五、本量利模型分析息税前利润的影响因素

1. 单因素成本变动时,对息税前利润的影响

在本量利模型中,假定只有一个自变量发生变化时,对息税前利润的影响程度;其中,单价、销售量越高,息税前利润越高;单位变动成本和固定生产成本越低,息税前利润越高。

$$息税前利润＝单价 \times 销售量－单位变动成本 \times 销售量－固定成本$$

也就是说,利用 CVP 模型进行分析息税前利润做出决策时,可以从四个方面来计算分析:

①减少固定成本;②减少变动成本;③提高售价;④增加产销量。

根据计算结果进行分析决策。

2. 多因素成本变动时，对息税前利润的影响

企业在实际经营过程中，常见的是某一因素发生变化时，其他相关因素也会发生联动变化，进而对息税前利润产生影响，是综合影响后的结果。

能力训练

一、业务描述

榴莲王蛋糕店销售一款榴莲小蛋糕，蛋糕的售价为 50 元。制作一个榴莲蛋糕需要低筋面粉 100 克，每克 0.04 元;黄油 30 克，每克 0.02 元;细砂糖 30 克，每克 0.01 元;牛奶 150 毫升，每毫升 0.002 元;鸡蛋 2 个，每个 0.8 元;榴莲 20 克，每克 0.025 元。制作并销售小蛋糕的人工费 2 元/个，制作小蛋糕的水电费 1 元/个，每月房租 6 500 元。本月制作并销售 1 000 个榴莲小蛋糕。

二、工作要求

假设你是该蛋糕店的经营者，根据以上资料，运用本量利模型对本店经营状况做分析。具体要求如下:

(1) 计算分析本店当月的息税前利润。

(2) 如果企业增加 10% 的息税前利润，本店可采取的措施有哪些?

(3) 得出应该选择哪个方案的结论。

三、工作过程

根据以上资料，分析本店当月的息税前利润，首先计算售价、单位变动成本、变动成本、固定成本，其次计算分析目标利润，再次分析企业增加 10% 销售量时的息税前利润，最后得出结论。具体计算分析步骤如下:

第一步:计算售价、单位变动成本、变动成本、固定成本

售价＝单价×销售量＝50×1 000＝50 000(元)

单位直接材料＝100×0.04＋30×0.02＋30×0.01＋150×0.002＋2×0.8＋20×0.025
　　　　　　＝7.3(元)

单位直接人工＝2(元)

单位变动制造费用＝1(元)

单位变动成本＝单位直接材料＋单位直接人工＋单位变动制造费用
　　　　　　＝7.3＋2＋1＝10.3(元)

变动成本＝单位变动成本×销售量＝10.3×1 000＝10 300(元)

固定成本＝6 500(元)

第二步:计算分析息税前利润

计算如下:

息税前利润＝单价×销售量－单位变动成本×销售量－固定成本

$$=50×1\,000-10.3×1\,000-6\,500$$

$$=33\,200(元)$$

分析:由于当期销售收入覆盖了全部变动成本及固定成本,当期实现了 33 200 元的正向息税前利润。

第三步:计算分析息税前利润增加 10% 所需采取的措施

计算如下:

增加 10% 的息税前利润＝33 200×10%＝3 320(元)

根据"息税前利润＝单价×销售量－单位变动成本×销售量－固定成本"这一公式分析,可分别采取以下四种措施:

(1) 减少固定成本。

在其他自变量不变时,"固定成本"减少 3 320 元可实现息税前利润增加 3 320 元的目标。目前总固定成本为 6 500 元,固定成本减低率约为 51%(3 320÷6 500)。

(2) 减少变动成本。

在其他自变量不变时,"单位变动成本×销售量"的总额需要减少 3 320 元,其中销售量不变,单位变动成本需减少 3.32 元(3 320÷1 000)。

目前单位变动成本为 10.3 元,单位变动成本减低率约为 32%(3.32÷10.3)。

(3) 提高售价。

在其他自变量不变时,"单价×销售量"的总额需要增加 3 320 元,其中销售量不变,单价需增加 3.32 元。

目前单价为 50 元,单价的增长率为 6.64%。

(4) 增加产销量。

在其他自变量不变时,"单价×销售量－单位变动成本×销售量"的总额需要增加 3 320 元,其中单价和单位变动成本不变,代入数据:

(50－10.3)×增加的销售量＝3 320(元)

增加的销售量＝83.62≈84(件)

第四步:得出结论

通过上述四种方法计算分析,得知:减少固定成本可以从减少管理人员、办公费用等途径实现;减少单位变动成本主要通过压低单位产品的变动成本来实现,降低产品变动成本需要企业充分发挥成本管控能力,比如其中降低变动生产成本中的直接材料取决于与供应商的谈判能力,直接人工取决于人力资源的安排。提高售价需要消费者能够接受,这种方法通常适用于垄断程度较高的行业,对于大部分竞争性行业,提高售价往往意味着销售量会降低,这一点尤其需要注意。增加产销量是一种积极主动寻求拓展市场,进而实现提升利润的途径,这是一种向外寻求利润的途径。需要注意的是提高售价和增加销售量都取决于市场的开拓能力。

四、要点提示

　　利用 CVP 模型进行本量利分析时,需要合理灵活使用,计算分析很简单,但计算分析过程并不是唯一的,还会有其他方法可以灵活运用分析。

运用本量利模型计算分析息税前利润的注意事项及策略,具体见表 2-8 所示。

表 2-8　　　　运用本量利模型计算分析息税前利润的注意事项及策略

注意事项	具体操作	岗位要求
区别息税前利润和利润总额的区别	计算息税前利润时不扣除利息费用;计算利润总额时需扣除利息费用	准确界定两个利润指标的内涵

❓ 问题情境

　　假设你是某奶茶店会计,根据年度经营计划要求,需要预测企业目标利润或利用"利润=收入-成本"的公式来分析企业经营状况时,可以采取哪些单项措施以实现目标利润?

　　解析思路:采取单项措施以实现目标利润,如减少固定成本的支出或减少变动成本的支出、提高售价或增加产销量。

五、学习结果评价

　　通过本项目职业能力的学习,应掌握以下技能,按照此评价表对本量利分析的结果进行评价,见表 2-9 所示。

表 2-9　　　　　　　　　　本量利分析评价表

序号	评价内容	评价标准	评价分值
1	计算售价、单位变动成本、变动成本、固定成本	计算售价	5分
		计算单位变动成本	10分
		计算单位直接材料	5分
		计算单位直接人工	5分
		计算单位变动制造费用	5分
		计算变动成本	10分
		计算固定成本	10分

续表

序号	评价内容	评价标准	评价分值
2	计算分析息税前利润	计算息税前利润	10 分
		分析息税前利润	10 分
3	计算分析息税前利润增加 10% 所采取的措施	计算息税前利润	10 分
		分析息税前利润	10 分
4	得出结论	分析结果做出决策,选择最优方案	10 分

课后作业

作业一

一、业务描述

静怡咖啡店的黑咖啡单价 20 元/杯,单位变动成本 16 元,每个月的房租及其他固定费用合计 20 000 元,5 月计划销售 12 000 杯。

二、作业要求

根据业务描述资料,假设你是咖啡店老板,希望在 5 月份的预期息税前利润是多少?请运用本量利模型分析本店 5 月份的预期息税前利润。具体要求如下:

(1)计算售价、单位变动成本、变动成本、固定成本。

(2)计算 5 月份的预期息税前利润。

(3)假设为了提高本期销售量新增广告投入 10 000 元,则新增多少销售量才能覆盖固定成本?

(4)假设新增投入广告费 10 000 元,预期要达到 50 000 元息税前利润,需多少销售量才能实现?

作业二

一、业务描述

上海华力家具制造厂开发一种新的木质电视桌,预计价格 75 元/件,预计单位变动成本 35 元,该项目要求添置专用设备的固定成本为 5 000 元,公司希望每年营业利润至少增加 48 000 元。

二、作业要求

根据业务描述中的资料,帮助企业会计李亿进行分析目标利润,具体要求如下:

(1)为了实现 48 000 元的利润,销售量要达到多少;

(2)每年销售 3 000 张木质电视桌,计算预计利润是多少。

职业能力 3　能计算分析目标利润

核心概念

目标利润　目标利润销售量　目标利润销售额

学习目标

- 能计算分析目标利润销售量；
- 能计算目标利润销售额；
- 能运用本量利模型计算分析企业的经营状况；
- 具备仔细认真的工作态度及能灵活运用本量利模型计算分析企业经营状况的工作素养。

基本知识

一、目标利润的相关概念

目标利润是指企业根据自己的经营目标事先制定的一个计划利润,经过努力应达到的最优化控制目标。通常情况下,我们用经营利润作为目标利润的代理变量。

目标利润销售量是指实现未来一定期间的目标利润所应完成的产品销售数量,通过目标利润与固定成本之和与单位边际贡献的商求得。

根据本量利基本模型:$P = px - bx - a$,其中 P 表示目标利润,p 表示单价,x 表示销售量,b 表示单位变动成本,a 表示固定成本;目标利润销售量用公式表示为:$x = \dfrac{P+a}{p-b}$,其中 $p-b$ 就是单位边际贡献。

目标利润销售额是指实现未来一定期间的目标利润所应完成的产品销售收入,通过目标利润与固定成本之和与单位边际贡献率的商求得,也可根据目标利润销售量与单价之积求得。

同理,用目标利润销售量与单价相乘,得到目标利润销售额,即

$$px = \frac{(P+a)p}{p-b}$$,把单价 p 放到分母上,得到:目标利润销售额 $px = \dfrac{P+a}{\dfrac{p-b}{p}}$,其中 $\dfrac{p-b}{p}$

就是单位边际贡献率(在接下来的工作任务二进行介绍)。

二、目标利润的应用工具

在工作中计算目标利润销售量和销售额,所用到的《管理会计应用指引》中的相关应用工具如下:

单位变动生产成本＝直接材料＋直接人工＋变动制造费用

单位变动非生产成本＝单位变动销售管理费用

单位变动成本＝单位变动生产成本＋单位变动非生产成本

固定非生产成本＝固定制造费用＋固定管理费用＋固定销售费用

$$目标利润销售量＝\frac{固定成本＋目标利润}{单价－单位变动成本}$$

$$目标利润销售额＝\frac{(固定成本＋目标利润)\times 单价}{单价－单位变动成本}＝\frac{固定成本＋目标利润}{\frac{单价－单位变动成本}{单价}}$$

能力训练

一、业务描述

榴莲王蛋糕店销售一款新口味榴莲蛋糕,售价为 50 元。制作一个蛋糕需要原材料:低筋面粉 100 克,每克 0.05 元;黄油 30 克,每克 0.02 元;细糖 20 克,每克 0.02 元;牛奶 50 毫升,每毫升 0.02 元;鸡蛋 2 个,每个 1 元;榴莲 20 克,每克 0.05 元。

在店铺后厨有三名甜品师负责蛋糕的制作:一名负责称量并按重量分好所需的食材,一名负责将材料按步骤制作,一名负责烤制,这三人的工资与制作蛋糕的数量挂钩,烤制 1 个蛋糕三人共领取 15 元工资。

在制作蛋糕的过程中产生水费、电费,其单位成本按照 5 元/个蛋糕进行分配;店面在商场内的租赁费、烤箱等工具的租赁费共计 40 000 元/月;在店铺内有两名员工负责管理工作,工资均为 5 000 元/月。

根据生产记录得知,本月共生产了 3 000 个蛋糕,假设该店 7 月的目标利润为 30 000 元。

二、工作要求

根据以上资料,请帮助经营者用本量利模型计算分析为了实现目标利润,找出该店的盈亏平衡点,做出制定目标利润的决策。具体如下:

(1) 运用 Excel 等工具梳理基础资料并编制单位生产成本分解表。

(2) 计算单位变动成本、固定成本,编制成本计算表。

(3) 计算并编制盈亏平衡点销售量和销售额计算表。

（4）计算并编制目标利润销售量和销售额计算表。

（5）找出该店的盈亏平衡点,分析其为了达到目标利润销售额与销售量应作出哪些决策。

三、工作过程

根据业务资料运用本量利模型分别计算产品的单位变动成本构成及固定成本构成,来分析盈亏平衡点销售量和销售额。首先根据所给资料,运用 Excel 等工具梳理基础资料并编制生产成本分解表,其次分别计算单位变动成本和固定成本,再次运用 Excel 等工具编制盈亏平衡点销售量和销售额、计算分析目标利润销售量和销售额及目标利润,最后根据计算结果分析得出结论。

第一步:编制生产成本分解表

根据后厨的材料领用表和原材料采购凭证,查阅工资及销售部门的蛋糕的销售单价其期间管理费用等明细,将资料归纳、整理出有用信息及数据,编制生产成本分解表。

具体见表 2-10 所示。

表 2-10　　　　　　　　　　　　　生产成本分解表
202×年 7 月 31 日

编制单位:上海榴莲王蛋糕店
产品名称:榴莲小蛋糕

单位:元

项　　　目	金额
单位直接材料	10.00
单位直接人工	15.00
单位变动制造费用	5.00
固定制造费用	40 000.00
固定管理费用	10 000.00
销售单价	50.00

制表人:李月　　　　　　　　　　　　　　　　　　　　　　　　　　　复核人:黄奕

第二步:计算单位变动成本及固定成本,编制成本计算表

计算过程如下:

（1）单位变动生产成本＝直接材料＋直接人工＋变动制造费用＝10＋15＋5＝30(元)

（2）单位变动非生产成本＝单位变动销售管理费用＝0(元)

（3）单位变动成本＝单位变动生产成本＋单位变动非生产成本＝30＋0＝30(元)

（4）固定生产成本＝固定制造费用＝40 000(元)

（5）固定非生产成本＝固定管理费用＝10 000(元)

（6）固定成本＝固定生产成本＋固定非生产成本＝40 000＋10 000＝50 000(元)

具体操作见表 2-11 所示。

表 2 - 11

成本计算表

202×年 7 月 31 日

编制单位:上海榴莲王蛋糕店

产品名称:榴莲小蛋糕

单位:元

项　　目	金额
单位直接材料	10.00
单位直接人工	15.00
单位变动制造费用	5.00
单位变动生产成本合计	**30.00**
固定制造费用	40 000.00
固定管理费用	10 000.00
固定成本合计	**50 000.00**
销售单价	**50.00**

制表人:李月

复核人:黄奕

第三步:计算盈亏平衡点销售量及销售额

$$单一产品盈亏平衡点销售量 = \frac{固定成本}{单价 - 单位变动成本} = \frac{50\,000}{50 - 30} = 2\,500(个)$$

$$单一产品盈亏平衡点销售额 = \frac{固定成本}{单价 - 单位变动成本} \times 单价 = \frac{50\,000}{50 - 30} \times 50 = 125\,000(元)$$

第四步:计算目标利润销售量、销售额和目标利润

$$目标利润销售量 = \frac{目标利润 + 固定成本}{单价 - 单位变动成本}$$

$$= \frac{30\,000 + 50\,000}{50 - 30} = 4\,000(个)$$

$$目标利润销售额 = \frac{目标利润 + 固定成本}{单价 - 单位变动成本} \times 单价$$

$$= \frac{30\,000 + 50\,000}{50 - 30} \times 50 = 200\,000(元)$$

$$目标利润 = 200\,000 - 4\,000 \times 30 - 50\,000$$

$$= 30\,000(元)$$

第五步:得出结论

为了达到目标利润分析其销售额与销售量作出决策如下:

该蛋糕店为实现保本,需要使销售量达到 2 500 个,所以,2 500 个销售量是该店在当期的销售底线。蛋糕店要想实现盈利,必须超过该销售量,当目标利润为 30 000 元时,该店的销售量需要达到 4 000 个,其销售额为 200 000 元。

四、要点提示

运用本量利模型计算分析目标利润销售量和销售额时,注意区别变动生产成本、变动非生产成本、固定生产成本、固定非生产成本。变动成本法计算边际贡献时注意不能混淆变动成本与固定成本;计算税前利润时,注意边际贡献与利润总额不能混淆。

计算分析目标利润销售量和销售额的注意事项及策略,具体见表 2-12 所示。

表 2-12　　　　　计算分析目标利润销售量和销售额的注意事项及策略

序号	注意事项	具体操作	岗位要求
1	搜集资料,筛选整理有用信息,注意财务信息与业务信息结合分析	筛选整理计算目标利润销售量和销售额的财务信息、与之相关的业务信息结合分析,归纳出企业收入和成本信息	业财融合:筛选整理计算盈亏平衡所需用的收入和成本信息,结合案例判断信息的类型
2	计算分析目标利润销售量和销售额时,注意计算顺序	计算顺序如下:①计算固定成本及单位变动成本;②找出盈亏平衡点;③计算目标利润销售量和销售额	正确计算变动成本及固定成本;熟练运用 Excel 等工具编制目标利润计算表

? 问题情境一

假设你是某奶茶店会计,每个月需要给经理上报分析销售情况,在计算目标利润销售量和销售额时,实际销售量数据在计算目标利润销售量和销售额时有用吗?

解析思路:无用。盈亏平衡点销售量即企业的保本点销售量,根据单价、单位变动成本、固定成本、目标利润计算并得到,与实际销售量并不一定一致,所以在计算盈亏平衡点、目标利润销售量和销售额时,实际销售量数据是用不上的。

? 问题情境二

假设你是某奶茶店会计,在经理让你制定本月的目标利润销售量和销售额时,计算盈亏平衡点销售量和销售额有什么作用?

解析思路：计算目标利润销售量和销售额时，盈亏平衡点销售量及销售额作为企业的保本点销售量及销售额，有利于企业制定目标利润销售量和销售额，只有当销售量和销售额分别大于盈亏平衡点销售量和销售额才能保证企业盈利。

五、学习结果评价

通过本项目职业能力的学习，应掌握以下技能，按照此评价表对计算分析目标利润销售量和销售额的结果评价，见表 2-13 所示。

表 2-13　　　　　　　　计算分析目标利润销售量和销售额的评价表

序号	评价内容	评价标准	评价分值
1	编制成本分解表	单位直接材料	5 分
		单位直接人工	5 分
		单位变动制造费用	5 分
		固定制造费用	5 分
		管理费用	5 分
		销售单价	5 分
2	计算单位变动成本及固定成本，编制成本计算表	计算变动成本	5 分
		计算固定成本	5 分
		编制成本计算表	10 分
3	计算盈亏平衡点销售量和销售额	计算盈亏平衡点销售量	10 分
		计算盈亏平衡点销额	10 分
4	计算目标利润销售量、销售额和目标利润	计算目标利润销售量	10 分
		计算目标利润销售额	10 分
5	得出结论	分析目标利润销售量和销售额	10 分

📖 课后作业

一、业务描述

上海某音乐茶餐厅，当季推出名为"遇见东坡肉"的新菜，这道菜每份售价 30 元。制作东坡肉需要新鲜上好的五花肉 80 克，每克 0.08 元；葱姜蒜 6 克，每克 0.02 元；黄酒 8 克，每克 0.01 元；生抽、老抽 10 克，每克 0.02 元；冰糖 10 克，每克 0.02 元。

后厨有 5 名厨师同时负责烹制东坡肉，每名厨师烹制一份东坡肉的计件工资 4 元。在洗菜、煮肉的过程中产生的水、电、燃气费按 2 元/份菜品分配。餐厅在商场里的月租金为 45 000 元，一名店长负责管理餐厅，其月工资 9 000 元。本月制作并销售了 5 000 份东坡肉。

该店当期的目标利润为 150 000 元。（假设不考虑其他税费。本店会计欣悦，经理胡丽。）

二、作业要求

根据以上资料，请帮助店长用本量利模型计算分析为了实现目标利润，找出该餐厅的盈亏平衡点，做出制定目标利润的决策。具体如下：

（1）运用 Excel 等工具梳理基础资料并编制生产成本分解表；

（2）计算单位变动成本、固定成本，编制成本计算表；

（3）计算盈亏平衡点销售量和销售额；

（4）计算目标利润销售量、销售额和目标利润；

（5）找出该餐厅的盈亏平衡点，分析其为了达到目标利润销售额与销售量应如何作出决策。

工作任务三
计算分析安全边际与安全边际率

职业能力　能计算分析安全边际与安全边际率

核心概念

安全边际分析　安全边际　安全边际率

学习目标

- 能辨别安全边际与安全边际率的关系；
- 能运用 Excel 等工具计算安全边际；
- 能运用 Excel 等工具计算安全边际率；
- 能根据企业实情选择适用的管理工具，认真计算、灵活分析安全边际与安全边际率，养成认真仔细、精益求精的工作习惯。

基本知识

一、安全边际分析

安全边际分析是指通过分析销售量（额）超过盈亏平衡点销售量（额）的差额，衡量企业在保本的前提下，能够承受因销售量（额）下降带来不利影响的程度和企业抵御营运风险的能力。安全边际分析指标包含安全边际与安全边际率。

二、安全边际的概念

安全边际是指正常销售量（实际销售量或预期销售量）超过盈亏平衡点（保本点）销售量的差额，表明销售量下降多少企业仍然不至于亏损；或者是指正常销售额（实际销售额或预期销售额）超过盈亏平衡点（保本点）销售额的差额，表明销售额下降多少企业仍然不至于亏损。

安全边际＝正常销售量（实际销售量或预期销售量）－盈亏平衡点销售量

或　　　　　　＝正常销售额（实际销售额或预期销售额）－盈亏平衡点销售额

安全边际体现了企业营运的安全程度。安全边际主要用于衡量企业承受营运风险的能力，尤其是在销售量下降时承受风险的能力，也可以用于盈利预测。

三、安全边际率的概念

安全边际率是指安全边际与正常销售量（实际销售量或预期销售量）的比值，或安全边际与正常销售额（实际销售额或预期销售额）的比值。

$$安全边际率=\frac{安全边际}{正常销售量（实际销售量或预期销售量）}\times100\%$$

$$=\frac{正常销售量（实际销售量或预期销售量）-盈亏平衡点销售量}{正常销售量（实际销售量或预期销售量）}\times100\%$$

或

$$安全边际率=\frac{安全边际}{正常销售额（实际销售额或预期销售额）}\times100\%$$

$$=\frac{正常销售额（实际销售额或预期销售额）-盈亏平衡点销售额}{正常销售额（实际销售额或预期销售额）}\times100\%$$

也可以说，安全边际就是大于保本点的销售量或者大于保本点的销售额。

假设 x_0 是保本点销售量，x_1 是实际或预期销售量，y_0 是保本点销售额，y_1 是实际或预期销售额。

那么，销售量的安全边际是：x_1-x_0，销售额的安全边际是：y_1-y_0，即销售量表示的安全边际率是 $\dfrac{x_1-x_0}{x_1}$，销售额表示的安全边际率是：$\dfrac{y_1-y_0}{y_1}$。

安全边际与安全边际率的数值越大，表明企业发生亏损的可能性越小，企业就越安全。安全边际率是相对数指标，更能准确地反映同一行业不同企业、不同行业不同企业间安全盈利能力的比较。也可以用边际贡献式本量利分析图分析安全边际，具体见图 2-9 所示。

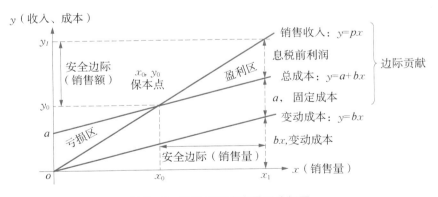

图 2-9　边际贡献式本量利分析图

能力训练

一、业务描述

上海纯棉时光服装公司经过几个月新款围巾的生产销售，销售市场扩大很快。202×年

10 月由于主要原材料棉布涨价,由原先 2.5 元/米上涨到 3 元/米,生产一条围巾需要棉布 2 米,各色缝纫线等辅助材料 1 元,围巾的材料费用由 6 元/条上涨到 7 元/条进行分配。

生产车间有 90 名员工缝制围巾,其工资采用计件工资核算,每制作一条围巾 4 元人工费;由于本月增加生产时间后水电使用峰值在高位时间消耗较多,生产围巾产生水电费等间接费用由 2 元/条上涨到 3 元/条进行分配;厂房及缝纫机的租赁费用上月到期再续租时,从本月开始由原先 45 000 元/月上涨到 60 000 元/月,2 名管理人员工资不变均为 5 000 元/月。本月生产并销售围巾 20 000 件,公司打算调整围巾的销售价格为 40 元/条。(假设不考虑其他税费。本公司成本会计岗位人员张静,会计主管李艳。)

二、工作要求

根据以上资料,请帮助会计张静运用安全边际和安全边际率分析企业的安全盈利状况:

(1)运用 Excel 等工具梳理基础资料编制成本明细表;

(2)计算单位变动成本和固定成本;

(3)计算并编制盈亏平衡点销售量和销售额;

(4)计算安全边际和安全边际率计算表;

(5)运用安全边际和安全边际率分析企业安全盈利状况。

三、工作过程

根据业务资料运用本量利模型分别计算产品的盈亏平衡点销售量和销售额,进而计算并分析安全边际和安全边际率。首先运用 Excel 等工具建立基础资料编制成本明细表,其次计算单位变动成本和固定成本并编制成本计算表,再次计算并编制盈亏平衡点销售量和销售额计算表,最后计算安全边际和安全边际率,根据计算结果分析得出结论。

第一步:编制成本明细表

根据以上资料,整理有用信息,运用 Excel 等工具编制成本明细表,具体操作见表 2 - 14 所示。

表 2 - 14

成本明细表

202×年 10 月 31 日

编制单位:上海纯棉时光服装公司

产品名称:围巾

单位:元

项　　目	金额
单位直接材料	7.00
单位直接人工	4.00
单位变动制造费用	3.00
固定制造费用	60 000.00
固定管理费用	10 000.00

制表人:张静

复核人:李艳

第二步:计算单位变动成本及固定成本,编制成本计算表

(1) 单位变动生产成本=直接材料+直接人工+变动制造费用=7+4+3=14(元)

(2) 单位变动非生产成本=单位变动销售管理费用=0(元)

(3) 单位变动成本=单位变动生产成本+单位变动非生产成本=14+0=14(元)

(4) 销售收入=单价×销售量=40×20 000=800 000(元)

(5) 固定生产成本=固定制造费用=60 000(元)

(6) 固定非生产成本=固定管理费用=10 000(元)

(7) 固定成本=固定生产成本+固定非生产成本=60 000+10 000=70 000(元)

编制成本计算表,具体操作见表 2-15 所示。

表 2-15

成本计算表

202×年 10 月 31 日

编制单位:上海纯棉时光服装公司

产品名称:围巾

单位:元

项目	单位成本	总成本
直接材料	7.00	140 000.00
直接人工	4.00	80 000.00
变动制造费用	3.00	60 000.00
变动成本合计	14.00	**280 000.00**
固定制造费用		60 000.00
固定管理费用		10 000.00
固定成本合计		**70 000.00**
总成本		350 000.00

制表人:张静

复核人:李艳

第三步:计算盈亏平衡点销售量及销售额

(1) 单一产品盈亏平衡点销售量 $=\dfrac{\text{固定成本}}{\text{单价}-\text{单位变动成本}}$

$$=\frac{70\,000}{40-14}=2\,693(\text{条})$$

(2) 单一产品盈亏平衡点销售额 $=\dfrac{\text{固定成本}}{\text{单价}-\text{单位变动成本}}\times\text{单价}$

$$=\frac{70\,000}{40-14}\times 40=107\,693(\text{元})$$

第四步:计算安全边际与安全边际率

(1) 安全边际=正常销售量(实际销售量或预期销售量)-盈亏平衡点销售量=20 000-2 693=17 307(条)

或　=正常销售额(实际销售额或预期销售额)-盈亏平衡点销售额=40×20 000-107 693=692 307(元)

（2）

$$安全边际率=\frac{安全边际}{正常销售量（实际销售量或预期销售量）}\times100\%$$

$$=\frac{17\,307}{20\,000}\times100\%=86.54\%$$

或：

$$安全边际率=\frac{安全边际}{正常销售额（实际销售额或预期销售额）}\times100\%$$

$$=\frac{692\,307}{800\,000}\times100\%=86.54\%$$

第五步：得出结论

根据上述计算过程，用图2-10边际贡献式本量利关系分析安全边际，从而分析企业的盈利状况如下：

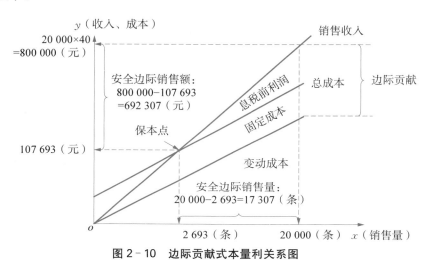

图2-10　边际贡献式本量利关系图

安全边际与安全边际率的数值越大，表明企业发生亏损的可能性越小，企业就越安全。该公司当盈亏平衡点（保本点）销售量为2693条、盈亏平衡点（保本点）销售额为107693元，其安全边际分别为17307条和692307元，均远超于盈亏平衡点（保本点）的销售量与销售额，说明本企业不容易发生亏损，盈利较高；其安全边际率为86.54%，表明公司总体的盈利能力非常强，公司的生产经营决策比较安全。

四、要点提示

安全边际和安全边际率，都是分析企业生产经营决策是否安全的重要指标。因此，运用所学技能，熟练、灵活运用安全边际和安全边际率分析企业生产经营的决策是否安全，即分析盈利能力的强弱。

计算分析安全边际和安全边际率的注意事项及策略,具体见表2-16所示。

表2-16　　　　　　　计算分析安全边际和安全边际率的注意事项及策略

序号	注意事项	具体操作	岗位要求
1	计算分析安全边际和安全边际率时,搜集资料筛选整理相关信息,注意筛选出有用的财务信息与非财务信息	筛选整理计算安全边际和安全边际率的财务信息、与之相关的业务信息结合分析,归纳出收入、变动成本及固定成本信息	业财融合:筛选整理计算安全边际和安全边际率所需用的收入、变动成本及固定成本信息,结合案例判断出有用信息,并整理成计算表
2	计算安全边际和安全边际率时,应注意根据决策所需选择合适的指标	计算安全边际和安全边际率时,选择计算指标如下: (1) 计算单位变动成本与固定成本 (2) 计算盈亏平衡点的销售量与销售额	选择计算变动成本与固定成本、盈亏平衡点的销售量与销售额指标
3	计算安全边际和安全边际率时,注意分析安全边际与盈亏平衡点的关系	安全边际与安全边际率的数值越大,表明企业发生亏损的可能性越小,企业就越安全。当安全边际大于盈亏平衡点(即:保本点)销售量与销售额时,说明企业不会发生亏损并产生盈利	熟悉计算分析安全边际和安全边际率,并能够熟练分析企业的盈利能力

❓ 问题情境一

假设你是某奶茶店会计,在给经理提供预测生产经营安全提示时,根据实情要用什么指标计算分析安全边际与安全边际率呢?

解析思路:当我们需要预测生产经营安全分析时,可以用当期实际销售量或实际销售额,也可以用预测销售量或销售额,来计算分析安全边际率,从而作出正确的生产经营决策。具体方法见图2-11所示。

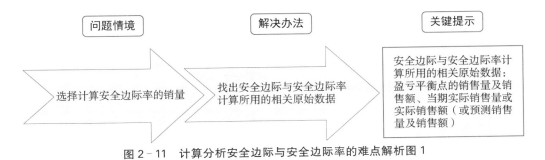

图2-11　计算分析安全边际与安全边际率的难点解析图1

问题情境二

假设你是某奶茶店会计,通过计算分析安全边际与安全边际率分析企业生产经营安全情况时,需要从多维的财务和非财务数据中筛选出有用的信息,其中的有用信息都有哪些?

解析思路:当我们需要预测生产经营安全情况,计算安全边际与安全边际率时,用到的全部信息可能有:销售价格、成本、销售量、盈亏平衡点销售量与销售额等资料。具体方法见图 2－12 所示。

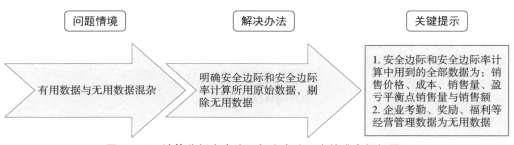

图 2－12   计算分析安全边际与安全边际率的难点解析图 2

五、学习结果评价

通过本项目职业能力的学习,应掌握以下技能,按照此评价表对计算分析安全边际与安全边际率的结果进行评价,见表 2－17 所示。

表 2－17   计算分析安全边际与安全边际率评价表

序号	评价内容	评价标准	评价分值
1	编制成本明细表	确认成本明细表中的各项目	10 分
2	计算单位变动成本及固定成本,编制成本计算表	计算单位变动成本	5 分
		计算销售收入	5 分
		计算固定成本	5 分
		编制成本计算表	5 分
3	计算盈亏平衡点销售量及销售额	计算盈亏平衡点销售量	10 分
		计算盈亏平衡点销售额	10 分
4	计算安全边际与安全边际率	计算安全边际	10 分
		计算安全边际率	10 分
5	得出结论	运用安全边际与安全边际率分析企业安全盈利能力	30 分

课后作业

一、业务描述

由于疫情影响，上海全护医用卫生用品公司急需生产一批医用口罩。制作一个口罩需要采购医用纱布 0.5 米，每米 2 元。车间有生产工人 35 名，员工工资按照计件工资核算，按照生产口罩 1 元/个计算；生产口罩产生的水电费按 0.5 元/个进行分配。厂房租金 7000 元/月，管理人员 1 名月工资为 5000 元。销售口罩单价为 30 元/袋，销售量 100000 袋（1 袋共 10 个口罩）。（假设不考虑其他税费。本公司成本会计岗位人员展欣，会计主管舒华。）

二、作业要求

根据以上资料，请帮助会计展欣运用安全边际和安全边际率指标来分析企业的安全盈利状况，具体如下：

（1）运用 Excel 等工具梳理基础资料编制成本明细表；

（2）计算单位变动成本和固定成本；

（3）计算盈亏平衡点销售量和销售额；

（4）计算安全边际和安全边际率计算表；

（5）运用安全边际和安全边际率分析企业安全盈利状况。

本项目综合实训

分析盈亏平衡点（小型服务业企业）的案例

🔍 实训目标

- 能筛选整理企业财务信息与非财务信息，编制部门收入成本明细表；
- 能计算单位变动生产成本及单位变动非生产成本、固定生产成本及固定非生产成本，编制成本分解表；
- 能认真、细心、严谨地对财务数据及非财务数据进行筛选、加工、整理、计算；
- 能运用 Excel 等工具计算编制盈亏平衡点计算表；
- 能灵活运用本量利模型分析盈亏平衡点，满足企业管理者了解企业经营业绩的需求。

🖥 能力训练

一、业务描述

爱艺商务咨询服务有限公司成立于 2009 年 7 月 1 日，经营范围包括外商投资项目咨询代理、企业登记咨询及代理、企业管理咨询、人才信息咨询、保险兼业、财务咨询、代理记账、会务组织服务等，其中代理记账业务是公司的核心基础业务。有总经理 1 人，月工资 10 000元；代理记账业务岗位 1 人，月基本工资 4 000 元，另外每接 1 单记账业务提成 50 元；外勤会计 1 人，月基本工资 3 000 元，每处理一单业务提成 30 元；主办会计 1 人，月工资 6 000 元；稽核会计 1 人，月工资 5 000 元。公司租用办公室一间，月租金 10 000 元，另外，办公室每月水电费按 500 元进行分配，办公设备的折旧费每月 2 000 元。

自去年年底公司面向中小微企业推出记账套餐业务以来，销售情况较为稳定，202× 年 7 月销售情况如表 2-18 所示。（假设不考虑其他税费。本公司会计菁怡，会计主管黄青青。）

注：该公司总经理岗、代理记账业务岗位、外勤会计岗位、主办会计岗位、稽核会计岗位的职责不同，其中代理记账业务岗位、外勤会计岗位的工资除基本工资外再加计件工资，其余岗位均为固定工资。

表 2‑18

销售明细表

202×年 7 月

编制单位:爱艺商务咨询服务有限公司 单位:元

套餐	营收>1000万元	500万元<营收<1000万元	营收<500万元	合计
数量(家)	50	60	100	210
价格(元/月、家)	600.00	400.00	300.00	

制表人:菁怡 复核人:黄青青

二、工作要求

请利用本量利模型帮助企业经营者分析经营状况并作出经营决策。

根据以上资料,请帮助会计菁怡运用 Excel 等工具分析下列问题:

(1)分析本期公司将会发生哪些成本。

(2)运用 Excel 等工具分别列出固定成本和变动成本,并分别计算出固定成本总额、变动成本总额和本月的边际贡献。

(3)下月起该公司打算改变收费模式,改为统一每月每家 500 元,请利用 Excel 等工具分析该公司至少要承接多少家企业的业务才能收回成本。

三、工作过程

从财务信息与非财务信息(含业务信息等)分析,运用 Excel 工具进行成本性态梳理,以便进行本量利相关决策分析。具体计算分析步骤如下:

第一步:筛选整理企业财务信息与非财务信息,编制成本明细表

根据公司发生的各项成本记录台账等原始单据,查阅工资及销售台账资料归纳、整理出有用信息及数据;编制成本明细表,计算代理记账的成本。计算及具体操作见表 2‑19 所示。

计算人员工资:

(1)人员基本工资 = 10 000 + 4 000 + 3 000 + 6 000 + 5 000 = 28 000(元)

(2)人员工资提成 = (50 + 60 + 100) × 50 + (50 + 60 + 100) × 30 = 168 000(元)

表 2‑19

成本明细表

202×年 7 月

编制单位:爱艺商务咨询服务有限公司 单位:元

成本明细	金额
人员基本工资	28 000.00
人员工资提成	16 800.00
办公室租金	10 000.00
水电费	500.00
折旧费	2 000.00

制表人:菁怡 复核人:黄青青

第二步:计算单位变动成本及固定成本,编制成本分解表

根据编制的成本明细表,按照顺序计算单位变动生产成本、单位变动非生产成本、固定生产成本、固定非生产成本,编制成本分解表。

运用《管理会计应用指引》第 303 号文规定成本管理工具,计算过程如下:

(1) 单位变动生产成本＝50＋30＝80(元)

(2) 单位变动非生产成本＝0(元)

(3) 单位变动成本＝单位变动生产成本＋单位变动非生产成本＝80＋0＝80(元)

(4) 固定生产成本＝30 500(元)

(5) 固定非生产成本＝10 000(元)

(6) 固定成本＝固定生产成本＋固定非生产成本＝30 500＋10 000＝40 500(元)

具体操作见表 2－20 所示。

表 2－20   成本分解表
202×年 7 月 31 日

编制单位:爱艺商务咨询服务有限公司   单位:元

项 目	金额
单位变动成本	80.00
其中:单位变动生产成本(代理记账岗位提成工资)	50.00
单位变动生产成本(外勤会计岗位提成工资)	30.00
固定生产成本	30 500.00
其中:代理记账业务岗位基本工资	4 000.00
外勤会计基本工资	3 000.00
主办会计工资	6 000.00
稽核会计工资	5 000.00
办公室租金	10 000.00
水电费	500.00
折旧费	2 000.00
固定非生产成本	10 000.00
总经理工资	10 000.00

制表人:菁怡   复核人:黄青青

第三步:计算编制边际贡献计算表

根据成本分解表计算编制边际贡献计算表。

运用《管理会计应用指引》的成本管理工具,计算过程如下:

(1) 销售收入＝销售单价×销售数量

$$＝50×600＋60×400＋100×300$$

$$＝30 000＋24 000＋30 000＝84 000(元)$$

（2）变动成本＝变动生产成本＋变动非生产成本

变动生产成本＝$50 \times 210 + 30 \times 210 = 16\,800$（元）

变动非生产成本＝0（元）

变动成本＝变动生产成本＋变动非生产成本

$$= 16\,800 + 0 = 16\,800（元）$$

（3）边际贡献＝销售收入－变动成本

$$= 84\,000 - (10\,500 + 6\,300) = 67\,200（元）$$

具体操作见表 2-21 所示。

表 2-21

边际贡献计算表

202×年 7 月 31 日

编制单位:爱艺商务咨询服务有限公司

单位:元

项　　目	金额
销售收入	84 000.00
其中:营业收入＞1 000 万元的客户	30 000.00
500 万元＜营业收入＜1 000 万元的客户	24 000.00
营业收入＜500 万客户	30 000.00
变动生产成本	16 800.00
代理记账业务人员提成	10 500.00
外勤会计提成	6 300.00
边际贡献	**67 200.00**

制表人:菁怡

复核人:黄青青

第四步:计算编制盈亏平衡点计算表

8 月份客户家数与 7 月份相同,但将分段收费模式改为统一收费模式,每家收费 500 元,根据成本分解表计算盈亏平衡点。

运用《管理会计应用指引》的成本管理工具,计算过程如下:

（1）单一产品盈亏平衡点销售量＝$\dfrac{\text{固定成本}}{\text{单价}-\text{单位变动成本}} = \dfrac{40\,500}{500-80} \approx 96.43 = 96$（家）

（2）单一产品盈亏平衡点销售额＝单一产品盈亏平衡点销售量×单价＝
$\dfrac{\text{固定成本}}{\text{单价}-\text{单位变动成本}} \times \text{单价} = \dfrac{\text{固定成本}}{(\text{单价}-\text{单位变动成本}) \div \text{单价}} = \dfrac{\text{固定成本}}{\text{边际贡献率}} = 96 \times 500 = 48\,000$（元）

编制盈亏平衡点计算表,具体操作见表 2-22 所示。

表 2－22

盈亏平衡点计算表

202×年 8 月 31 日

编制单位:爱艺商务咨询服务有限公司　　　　　　　　　　　　　　　　单位:元

项　　目	金额
单位收入(元)	500.00
单位变动生产成本(元/家)	80.00
单位变动非生产成本(元/家)	0.00
单位边际贡献	420.00
固定成本(元)	40 500.00
其中:固定生产成本(元)	30 500.00
固定非生产成本(元)	10 000.00
盈亏平衡点销售量	96.00
盈亏平衡点销售额	48 000.00

制表人:菁怡　　　　　　　　　　　　　　　　　　　　　　　　　　复核人:黄青青

第五步:改变收费模式后的安全分析

8 月份客户家数与 7 月份相同,但将分段收费模式改为统一收费模式,每家收费 500 元时,盈亏平衡点销售量为 96 家,盈亏平衡点销售额为 48 000 元。8 月份销售量与 7 月份相同,根据 7 月份销售明细表得知实际月销售量为 210(50＋60＋100)家,月销售额 105 000(210×500)元,计算过程如下:

(1) 安全边际＝正常销售量(实际销售量或预期销售量)－盈亏平衡点销售量

$$＝210－96＝114(家)$$

或　安全边际＝正常销售额(实际销售额或预期销售额)－盈亏平衡点销售额

$$＝105 000－48 000＝57 000(元)$$

(2) 安全边际率＝$\dfrac{安全边际}{正常销售量(实际销售量或预期销售量)}×100\%$

$$＝\dfrac{114}{210}×100\%$$

$$＝54.29\%$$

或:

安全边际率＝$\dfrac{安全边际}{正常销售额(实际销售额或预期销售额)}×100\%$

$$＝\dfrac{57 000}{105 000}×100\%$$

$$＝54.29\%$$

当该公司 8 月份采用每月每家 500 元的收费模式时,月销售量 210 家远超盈亏平衡点销售量的 96 家,月销售额 105 000 元远超盈亏平衡点销售额的 48 000 元;当销售量超过盈亏平衡点销售量 96 家时,其安全边际为 114 家或 57 000 元,均远超于盈亏平衡点(即:保本点)销售量与销售额,说明该公司不容易亏损且盈利较高;其安全边际率为 54.29%,表明公司总体的盈利能力较强,公司的生产经营决策较安全。

四、要点提示

根据财务数据与非财务数据,灵活运用所学技能进行日常经营分析。在计算收入和单位变动成本时不能混淆财务数据与非财务数据;在计算边际贡献时注意不能混淆变动成本与固定成本。

分析盈亏平衡点的注意事项及策略,具体见表 2 - 23 所示。

表 2 - 23　　　　　　　　　分析盈亏平衡点的注意事项及策略

序号	注意事项	具体操作	岗位要求
1	搜集资料,筛选整理有用信息,注意财务信息与非财务信息结合分析	筛选整理计算盈亏平衡点销售量和销售额的财务信息、与之相关的业务信息结合分析,归纳出企业收入和成本信息	业财融合:筛选整理计算盈亏平衡所需用的收入和成本信息,结合案例信息判断财务信息的类型
2	注意区分生产性变动成本、非生产性变动成本、生产性固定成本、非生产性固定成本的区别	运用成本性态规则判断生产性变动成本、非生产性变动成本、生产性固定成本、非生产性固定成本	计算变动成本及固定成本,运用 Excel 工具编制盈亏平衡点销售量和销售额

五、学习结果评价

通过本项目职业能力的学习,应掌握以下技能,按照此评价表对分析盈亏平衡点的结果进行评价,见表 2 - 24 所示。

表 2 - 24　　　　　　　　　分析盈亏平衡点的评价表

序号	评价内容	评价标准	评价分值
1	筛选整理企业财务信息与业务信息,编制成本明细表	计算人员基本工资、工资提成	4 分
		计算办公室租金	2 分
		计算水电费及折旧费	4 分
2	计算单位变动成本及固定成本,编制成本分解表	计算单位变动成本	10 分
		计算固定成本	10 分
		编制成本分解表	10 分
3	计算边际贡献,编制边际贡献计算表	计算销售收入	5 分
		计算变动生产成本及变动非生产成本	10 分
		计算边际贡献	5 分

续表

序号	评价内容	评价标准	评价分值
4	计算编制盈亏平衡点计算表	计算单位收入	3 分
		计算单位边际贡献	3 分
		计算盈亏平衡点销售量	10 分
		计算盈亏平衡点销售额	10 分
5	改变收费模式后的安全分析	计算安全边际	5 分
		计算安全边际率	5 分
		分析安全性	4 分

课后作业

一、业务描述

接上述案例,由于市场竞争激烈,爱艺商务咨询服务有限公司从 202× 年 9 月起打算统一每月每家由收费 500 元/月降低为 400 元/月,其他资料不变。

二、作业要求

在管理会计岗位上,利用本量利模型帮助企业经营者分析经营状况以作出经营决策。

请帮助会计菁怡,用 Excel 等工具分析如下问题:

(1)分析爱艺商务咨询服务有限公司将会发生哪些成本,使用 Excel 等工具分别列出固定成本和变动成本,并分别计算出固定成本总额、变动成本总额和本月的边际贡献;

(2)运用 Excel 等工具分析该公司至少要承接多少家企业的业务才能收回成本;

(3)运用 Excel 等工具分析,若爱艺商务咨询服务有限公司某月希望能获得 50 000 元的利润,需要承接多少家企业的业务,并说明理由。

(4)请思考该公司如何做才能开源节流,在改变收费策略方案的同时还能够顾全大局。

项目三

判断趋势测未来
——销售及成本预测

本项目职业能力

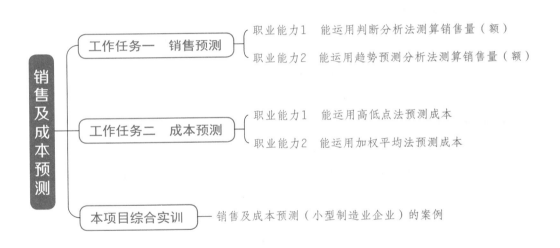

销售及成本预测
- 工作任务一　销售预测
  - 职业能力1　能运用判断分析法测算销售量（额）
  - 职业能力2　能运用趋势预测分析法测算销售量（额）
- 工作任务二　成本预测
  - 职业能力1　能运用高低点法预测成本
  - 职业能力2　能运用加权平均法预测成本
- 本项目综合实训——销售及成本预测（小型制造业企业）的案例

学习目标

通过本项目的学习,掌握运用判断分析法、趋势预测分析法测算销售量(额);运用高低点法、加权平均法预测成本;熟练运用判断分析法、趋势预测分析法测算销售量(额)及成本,为企业经营者提供有价值的财务信息;能熟练运用相关法规处理会计工作岗位上的相关财务事宜;能筛选整理出与决策相关的财务及业务信息,进行业财融合的预测销售及成本;具备遵纪守法、依法办事的职业素养,初步形成算管融合、算为管用的理念。

重点难点

◆ 学习重点

- 运用判断分析法测算销售量(额);
- 运用趋势预测分析法测算销售量(额);
- 运用高低点法预测成本;
- 运用加权平均法预测成本。

◆ 学习难点

- 运用判断分析法测算销售量(额);
- 运用趋势预测分析法测算销售量(额);
- 运用高低点法预测成本;
- 运用加权平均法预测成本;
- 根据企业实情选择合适的预测方法,仔细认真、灵活运用加权平均法预测企业的销售及成本状况;
- 运用数据预测分析企业的销售及成本状况,为企业提供有价值的会计服务。

工作任务一　销售预测

职业能力1　能运用判断分析法测算销售量（额）

核心概念

销售预测　　定性分析法　　判断分析法　　专家意见法

学习目标

- 能说出销售预测的含义和分类；
- 能列举销售预测分析的方法；
- 能运用判断分析法中的集合意见法测算销售量（额）；
- 具备仔细认真的工作态度，能与相关部门友好协作共同运用集合意见法预测企业销售情况。

基本知识

一、销售预测的概念

市场决定着企业的生存和发展，对企业产品销售的预测可以说就是对企业生存和发展的预测。在激烈竞争的市场环境中，销售预测相对于其他预测（成本预测、经营利润预测以及资金需要量预测等）起着决定性作用，并成为制定企业经营决策的重要依据。只有做好销售预测，才能相互衔接地开展好其他各项营运预测。

销售预测是在市场调查有序研究的基础上，根据市场供需情况的发展趋势，以及本企业产品的销售单价、促销活动、产品改进等方面的计划安排，对该产品在计划期间的销售量或销售额所做出的预计和推测。

广义的销售预测包括两个方面：一是市场调查，二是销售量预测。狭义的销售预测则专指销售量预测。市场调查是指通过了解与特定产品有关的供销量环境和各类市场的情况，作出该产品有无现实市场或潜在市场以及市场大小结论的过程。它是销售量预测的基础。销售量预测又称产品需求量预测，是指根据市场调查所得到的有关资料，通过对有关因素的分析研究，预计和测算特定产品在未来一定时期内的市场销售量水平及变化趋势，进而预测本企业产品未来销售量的过程。

销售预测分析所采用的专门方法会随着分析对象和预测期限的不同而有所差异。尽管方法很多，但从总体上可归纳为定性分析法和定量分析法两类。

二、销售预测的定性分析法

定性分析法是指主要依靠预测人员丰富的实践经验和知识，以及主观的分析判断能力，在考虑政治经济形势、市场变化、经济政策、消费倾向等各项因素对经营影响的前提下，对事物的性质和发展趋势进行预测和推测。定性分析法可以具体分为判断分析法和调查分析法。

（一）判断分析法

判断分析法是通过一些具有经验丰富的经营管理人员或知识渊博的外界经济专家，对企业一定期间特定产品的销售业务量情况作出判断和预计的一种方法。这种方法一般适用于不具备完整可靠的历史资料，无法进行定量分析的企业。判断分析法具体又包括以下三种方法：

1. 专家判断法

专家判断法是由见识广博、知识丰富的专家根据多年的实践经验和判断能力对特定产品的未来销售量进行判断和预测的一种方法。这里的"专家"主要是指本企业或同行业的高级领导人、销售部门经理以及其他外界专家等，不包括推销员和顾客。专家判断法主要有以下四种形式：

（1）集合意见法

集合意见法也称经验估计法，由和预测内容有关的经营管理人员、业务人员、专家一起，凭借他们所拥有的知识、经验、信息与综合判断能力，来进行市场预测的一种方法。

具体来说，是由预测人员召集企业的管理者、业务人员，根据已收集的信息资料和个人的经验，对未来作出判断预测，最后由组织者把预测方案、意见集中起来，用平均数的方法并根据实际工作中的情况进行修正，最终取得预测结果的方法。这类方法适用于做短期预测。

采用集合意见法进行预测，一般步骤如下：

① 预测组织者根据企业经营管理的要求，向参加预测的有关人员提出预测项目和预测期限的要求，并尽可能提供有关背景资料。

② 预测有关人员根据预测要求及掌握的背景资料，凭个人经验和分析判断能力，提出各自的预测方案。

③ 预测组织者计算有关人员的预测方案的方案期望值。方案期望值等于各种可能状态主观概率与状态值乘积之和。

④ 将参与预测的有关人员分类，如厂长（经理）类、管理职能科室类、业务人员类等，计算

各类综合期望值。综合方法一般是采用平均数、加权平均数统计法或中位数统计法。

⑤ 确定最后的预测值。预测组织者将各类人员的综合期望值通过加权平均法等计算出最后的预测值。

（2）专家小组法

专家小组法将若干专家组成几个预测小组，以小组为单位，对产品销售的未来趋势进行预测，再进行综合论证。专家小组法有两种形式：一种是直接头脑风暴法，即鼓励与会专家自由发表意见，鼓励与会者吸收他人观点以补充、完善自己观点。在这一过程中不允许反驳他人意见。另一种是质疑头脑风暴法，即对已形成的意见不作正面论证，仅提出质疑与批评。

此方法的优点是可以发挥集体的智慧，取长补短，消除个别专家的主观片面性，但小组预测结论容易受到组内权威人士意见的左右。

（3）"德尔菲"法

"德尔菲"法起源于美国兰德公司，后为西方国家所广泛采用。它采用函询调查方法，向有关专家分别提出问题、征询意见，然后将专家的意见进行综合、整理后，再通过匿名的方式反馈给各位专家，再次征求意见。如此反复开展综合反馈，直至得出基本一致的意见为止。采用这一方法时，各专家之间应尽量做到互不通气，以使各位专家能真正根据自己的经验、观点和方法进行预测，避免受到特别权威专家的左右。有些复杂的问题涉及面较广，而每个专家所掌握的资料总是有限的，如果由各位专家单独预测，则难免带有一些片面性，这就需要进行重复征询。同时，在每次重复征询过程中，都应注意把上次征询意见的结果进行加工整理后反馈给每位专家。特别要注意不应忽略少数人的意见，以使各专家在重复预测时能作出较全面的分析和判断。

（4）专家个人意见集合法

首先向各个专家征求对产品销售的未来趋势的意见和判断，再对此加以综合，最后确定预测值。

2. 推销员判断法

推销员判断法又称意见汇集法，是由企业的推销人员根据他们的调查，将每位顾客或各类顾客对特定预测对象的销售预测值填入卡片或表格，然后由销售部门经理对此进行综合分析以完成预测销售任务的一种方法。

由于基层销售人员最熟悉市场，能直接倾听顾客的意见，因而能够提供直观反映顾客要求的信息，同时还具有耗时短、费用低的优点。但是基层推销人员素质各异，他们对形势的估计受主观认知水平的影响，且当顾客的样本量没有足够大时，预测会有一定局限性，影响到预测结果的准确性。

3. 综合判断法

综合判断法是由企业召集相关经营管理人员集中开会，在会议上大家集思广益，博采众长，交流各自的实践经验，最终得出产品未来销售量的预测结果。但预测结果也会受到相关人员主观判断的影响。

（二）调查分析法

调查分析法是指通过对有代表性顾客的消费意向的调查，了解市场需求的变化趋势，进行销售预测的一种方法。

在调查时应当注意：首先，选择的调查对象要具有普遍性和代表性；其次，调查的方法必须简便易行，使调查对象乐于接受。此外，对调查所取得的数据与资料要进行科学的分析，去伪存真、去粗取精。凡是顾客数量有限，调查费用不高，每个顾客意向明确且不会轻易改变的，均可以采用调查分析法进行预测。

以上各种预测方法中，集合意见法在企业销售预测中运用范围相对较广泛，因此，本节以集合意见法为例介绍销售预测。

能力训练

一、业务描述

上海华力有限公司主要生产经营化妆品，为了预测明年化妆品的销售情况，要求各经理、职能部门、销售人员开展销售额预测。各经理、职能部门、销售人员的预测如表 3-1 至表 3-3 所示，其中三类预测人员的权重分配为：经理类、职能部门类、销售人员类分别为 3∶2∶5。（假设不考虑其他税费。本公司会计王曦，会计主管张懿。）

表 3-1　　　　　　　经理室预测销售额及概率分布表

202×年 12 月 31 日

编制单位：上海华力有限公司
产品名称：化妆品

经理	估计值				权重
	最高值（万元）	概率	最低值（万元）	概率	
甲	5 800.00	0.90	5 500.00	0.10	0.50
乙	6 000.00	0.70	5 500.00	0.30	0.30
丙	5 400.00	0.80	5 200.00	0.20	0.20

制表人：王曦　　　　　　　　　　　　　　　　　　　　　　　　复核人：张懿

表 3-2　　　　　　　职能部门预测销售额及概率分布表

202×年 12 月 31 日

编制单位：上海华力有限公司
产品名称：化妆品

部门	估计值						权重
	最高值（万元）	概率	中等值（万元）	概率	最低值（万元）	概率	
业务部门	6 000.00	0.20	5 500.00	0.60	5 000.00	0.20	0.40
管理部门	5 800.00	0.30	5 400.00	0.50	3 900.00	0.20	0.30
财务部门	6 200.00	0.10	5 800.00	0.50	5 000.00	0.40	0.30

制表人：王曦　　　　　　　　　　　　　　　　　　　　　　　　复核人：张懿

表 3-3

销售人员预测销售额及概率分布表

202×年 12 月 31 日

编制单位:上海华力有限公司
产品名称:化妆品

销售人员	估计值						权重
	最高值(万元)	概率	中等值(万元)	概率	最低值(万元)	概率	
甲	5 000.00	0.30	3 500.00	0.50	2 000.00	0.20	0.20
乙	4 800.00	0.20	4 000.00	0.60	3 000.00	0.20	0.10
丙	4 500.00	0.20	4 200.00	0.50	3 400.00	0.30	0.30
丁	4 300.00	0.30	3 800.00	0.50	3 300.00	0.20	0.20
戊	4 000.00	0.20	3 800.00	0.70	2 000.00	0.10	0.20

制表人:王曦　　　　　　　　　　　　　　　　　　　　　　　　　复核人:张懿

二、工作要求

根据以上资料,请运用集合意见法帮助会计王曦在 Excel 表格中对企业明年化妆品销售额进行预测。

三、工作过程

这是企业经营过程中如何帮助企业预测产品销售的典型问题。帮助企业预测并制定销售目标,有益于企业在后期的销售活动。首先选择与预测内容有关的经营管理人员、业务人员、专家;其次凭借他们所拥有的知识、经验、信息与综合判断能力,计算预测方案期望值,最后运用 Excel 等工具预测明年化妆品的销售额,来进行市场预测。

具体操作步骤如下:

第一步:计算各自期望值,分别编制经理、职能部门、销售人员预测销售额期望值计算表

根据以上数据计算期望值。

$$期望值＝最高值\times概率＋中等值\times概率＋最低值\times概率$$

计算过程如下:

(1) 3 位经理预测销售额:

经理甲期望值＝5 800×0.9＋5 500×0.1＝5 770(元)

经理乙期望值＝6 000×0.7＋5 500×0.3＝5 850(元)

经理丙期望值＝5 400×0.8＋5 200×0.2＝5 360(元)

编制经理室销售额期望值计算表,见表 3-4 所示。

表 3-4

经理室销售额期望值计算表

202×年 12 月 31 日

编制单位:上海华力有限公司
产品名称:化妆品

经理	估计值				期望值(万元)
	最高值(万元)	概率	最低值(万元)	概率	
甲	5 800.00	0.90	5 500.00	0.10	5 770.00
乙	6 000.00	0.70	5 500.00	0.30	5 850.00
丙	5 400.00	0.80	5 200.00	0.20	5 360.00

制表人:王曦　　　　　　　　　　　　　　　　　　　　　　　　　复核人:张懿

（2）职能部门预测销售额：

业务部门期望值＝6 000×0.2＋5 500×0.6＋5 000×0.2＝5 500（元）

管理部门期望值＝5 800×0.3＋5 400×0.5＋3 900×0.2＝5 220（元）

财务部门期望值＝6 200×0.1＋5 800×0.5＋5 000×0.4＝5 520（元）

编制职能部门销售额期望值计算表，见表 3-5 所示。

表 3-5
职能部门销售额期望值计算表
202×年 12 月 31 日

编制单位：上海华力有限公司
产品名称：化妆品

职能部门	估计值						期望值（万元）
	最高值（万元）	概率	中等值（万元）	概率	最低值（万元）	概率	
业务部门	6 000.00	0.20	5 500.00	0.60	5 000.00	0.20	5 500.00
管理部门	5 800.00	0.30	5 400.00	0.50	3 900.00	0.20	5 220.00
财务部门	6 200.00	0.10	5 800.00	0.50	5 000.00	0.40	5 520.00

制表人：王曦   复核人：张懿

（3）销售人员预测销售额：

甲期望值＝5 000×0.3＋3 500×0.5＋2 000×0.2＝3 650（元）

乙期望值＝4 800×0.2＋4 000×0.6＋3 000×0.2＝3 960（元）

丙期望值＝4 500×0.2＋4 200×0.5＋3 400×0.3＝4 020（元）

丁期望值＝4 300×0.3＋3 800×0.5＋3 300×0.2＝3 850（元）

戊期望值＝4 000×0.2＋3 800×0.7＋2 000×0.1＝3 660（元）

编制销售人员销售额期望值计算表，见表 3-6 所示。

表 3-6
销售人员销售额期望值计算表
202×年 12 月 31 日

编制单位：上海华力有限公司
产品名称：化妆品

销售人员	估计值						期望值（万元）
	最高值（万元）	概率	中等值（万元）	概率	最低值（万元）	概率	
甲	5 000.00	0.30	3 500.00	0.50	2 000.00	0.20	3 650.00
乙	4 800.00	0.20	4 000.00	0.60	3 000.00	0.20	3 960.00
丙	4 500.00	0.20	4 200.00	0.50	3 400.00	0.30	4 020.00
丁	4 300.00	0.30	3 800.00	0.50	3 300.00	0.20	3 850.00
戊	4 000.00	0.20	3 800.00	0.70	2 000.00	0.10	3 660.00

制表人：王曦   复核人：张懿

第二步：计算分类销售额期望值，编制预测销售额计算表

对上述预测按照部门类别进行综合计算出各部门预测值。

部门综合预测值的计算公式为：

$$\overline{y_j} = \sum_{i=1}^{n} \overline{y_i} p_i \left(0 \leqslant p_i \leqslant 1, \ \sum_{i=1}^{n} p_i = 1\right)$$

y_j 为第 j 类预测人员的综合预测值（本例中 $j=1,2,3$，分别代表经理类、职能部门类和销售人员类）。y_i 为第 j 类人员中第 i 位的方案期望值；p_i 为第 j 类人员中第 i 位方案期望值的权重；n 为第 j 类人员的数量。

根据以上数据计算各部门销售额期望值：

（1）经理室类综合预测销售额：

$$经理室类期望值 = 5\,770 \times 0.5 + 5\,850 \times 0.3 + 5\,360 \times 0.2$$
$$= 5\,712(元)$$

（2）职能部门类预测销售额：

$$职能部门类期望值 = 5\,500 \times 0.4 + 5\,220 \times 0.3 + 5\,520 \times 0.3$$
$$= 5\,422(元)$$

（3）销售人员类预测销售额：

$$销售人员类期望值 = 3\,650 \times 0.2 + 3\,960 \times 0.1 + 4\,020 \times 0.3 + 3\,850 \times 0.2 + 3\,660 \times 0.2$$
$$= 3\,834(元)$$

编制分类销售额期望值汇总计算表，见表 3-7 所示。

表 3-7　　　　　　　　　　分类销售额期望值汇总计算表
202X 年 12 月 31 日

编制单位：上海华力有限公司
产品名称：化妆品

类别		各自期望值（万元）	权重	分类期望值（万元）	权重	综合期望值（万元）
经理室	甲	5 770.00	0.50	5 712.00	0.30	
	乙	5 850.00	0.30			
	丙	5 360.00	0.20			
职能部门	业务部门	5 500.00	0.40	5 422.00	0.20	
	管理部门	5 220.00	0.30			
	财务部门	5 520.00	0.30			
销售人员	甲	3 650.00	0.20	3 834.00	0.50	
	乙	3 960.00	0.10			
	丙	4 020.00	0.30			
	丁	3 850.00	0.20			
	戊	3 660.00	0.20			

制表人：王曦　　　　　　　　　　　　　　　　　　　　　　　　　　　复核人：张懿

第三步:计算综合预测值,填写预测销售额综合期望值计算表

对以上预测值进行综合,计算出综合预测值。根据重要程度的不同,给予三类预测者不同的权重,计算公式如下:

$$\overline{y} = \sum_{j=1}^{n} \overline{y_j} w_j \quad (1 \geqslant w_j \geqslant 0)$$

w_j 为不同类型预测者的权重,n 为预测值的类型数量。三类预测人员的权重分别为:经理室类权重为 0.3,职能部门类权重为 0.2,销售人员类权重为 0.5。具体如表 3-7 所示。

根据以上数据计算预测销售额,即综合期望值:

综合期望值 = 5 712 × 0.3 + 5 422 × 0.2 + 3 834 × 0.5

= 4 715(元)

填写销售额综合期望值计算表,见表 3-8 所示。

表 3-8　　　　　　　　　　**销售额综合期望值计算表**
202× 年 12 月 31 日

编制单位:上海华力有限公司
产品名称:化妆品

类别		各自期望值（万元）	权重	分类期望值（万元）	权重	综合期望值（万元）
经理室	甲	5 770.00	0.50	5 712.00	0.30	
	乙	5 850.00	0.30			
	丙	5 360.00	0.20			
职能部门	业务部门	5 500.00	0.40	5 422.00	0.20	
	管理部门	5 220.00	0.30			4 715.00
	财务部门	5 520.00	0.30			
销售人员	甲	3 650.00	0.20	3 834.00	0.50	
	乙	3 960.00	0.10			
	丙	4 020.00	0.30			
	丁	3 850.00	0.20			
	戊	3 660.00	0.20			

制表人:王曦　　　　　　　　　　　　　　　　　　　　　复核人:张懿

得出最终结果,即该企业明年化妆品的销售预测值为 4 715 万元。

四、要点提示

通过销售预测,可以全面掌握产品市场需求的基本动态和产品销售变化的一般规律,用以确定生产计划和其他有关的计划,合理安排有关产品的生产和销售活动,做到以销定产、产销平衡。

> 在企业的预测系统中,销售预测是处于先导地位的。企业会关注在未来一定时期内哪些产品适销对路,在市场上占有多少份额,从事某项产品的生产销售能赚取多少利润,成本多高,需要多少资金等。

运用判断分析法预测销售额的注意事项及策略,具体见表 3-9 所示。

表 3-9　　　　　　　　　运用判断分析法预测销售额的注意事项及策略

序号	注意事项	具体操作	岗位要求
1	建立基本预测表时,注意选择与预测内容有关的经营管理人员、业务人员、专家作为预测主体	经营管理人员类应选择经营管理的各经理、各部门、销售业务人员的销售额预测值作为样本	筛选整理企业各部门和人员预测值的基本资料
2	在预测每个人的预测值时,需考虑不同人的经验、重要性等因素	预测每个人的预测值时,要分别根据不同人的经验、重要性等因素给予不同权重	凭借经营管理人员、业务人员、专家所拥有的知识、经验、信息与综合判断能力预测
3	在预测各部门预测值时,注意需考虑同类人员中不同人的经验、重要性等因素	预测各部门预测值时,要分别按照同类人员中不同人的经验、重要性等因素给予不同权重	凭借各部门的信息及决策者来综合判断能力预测

❓ 问题情境一

假设你是某奶茶店的会计,在为经理提供销售预测情况分析时,发现影响预测销售额判断结果的因素较多,要如何准确找出影响预测判断结果的因素?

解析思路: 人们常常发现预测结果不能完全反映客观实际,两者之间有一定的误差。影响预测准确性的因素主要有以下几种:预测环境的多变性、预测者认识的滞后性、预测资料的准确性、预测方法的适宜性等。总之,预测的准确性受到许多因素的影响,管理者的职责就是尽可能提高预测的准确度,为预定目标的实现作出贡献。

❓ 问题情境二

假设你是某奶茶店会计,在为经理提供销售预测情况分析时,决定采用判断分析法测算销售额。那么,需要选择哪些人员作为预测人员,才能准确预测出销售额的发展趋势?

解析思路: 在企业的预测系统中,采用判断分析法测算销售额时,选择与预测内容有关的有经验的人员作为预测人员,以便于根据企业实情及预测经验准确预测出销售额的发展趋势。具体方法见图 3-1 所示。

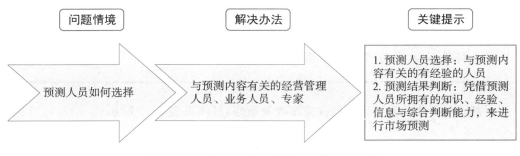

图 3-1   判断分析法测算销售额的难点解析

五、学习结果评价

通过本项目职业能力的学习,应掌握以下技能,按照此评价表对运用判断分析法测算销售额的结果进行评价,见表 3-10 所示。

表 3-10   运用判断分析法测算销售额评价表

序号	评价内容	评价标准	评价分值
1	计算各自销售额期望值,分别编制经理、职能部门、销售人员销售额期望值计算表	分别计算三位经理销售额期望值	10 分
		分别计算职能部门销售额期望值	10 分
		分别计算五位销售人员销售额期望值	10 分
		编制经理室、职能部门、销售人员预测销售额期望值计算表	10 分
2	计算分类销售额期望值,编制分类销售额期望值汇总计算表	计算经理室类期望值	10 分
		计算职能部门类期望值	10 分
		计算销售人员类期望值	10 分
		编制分类销售额期望值汇总计算表	10 分
3	计算销售额综合预测值,填写销售额综合期望值计算表	计算综合销售额期望值	10 分
		填写销售额综合期望值计算表	10 分

📰 课后作业

一、业务描述

上海毅力电子有限公司为确定明年移动硬盘的销售预测值,要求通过各经理、职能部门、销售人员进行年度销售预测。经统计,各经理、职能部门、销售人员的预测如表 3-11 至表 3-13 所示,其中三类预测人员的权重分配为:经理类、职能部门类、销售人员类分别为 3∶2∶5。(假设不考虑其他税费。本公司会计黄宇,会计主管吕新。)

表 3-11　　　　　　　　　　　　经理室销售预测表
202×年 10 月 31 日

编制单位:上海毅力电子有限公司
产品名称:移动硬盘

经理	估计值				权重
	最高值(万元)	概率	最低值(万元)	概率	
甲	1 500.00	0.70	1 000.00	0.30	0.30
乙	2 000.00	0.80	1 500.00	0.20	0.20
丙	1 800.00	0.90	1 400.00	0.10	0.50

制表人:黄宇　　　　　　　　　　　　　　　　　　　　　　　　　　　　　　复核人:吕新

表 3-12　　　　　　　　　　　　职能部门销售预测表
202×年 10 月 31 日

编制单位:上海毅力电子有限公司
产品名称:移动硬盘

职能部门	估计值						权重
	最高值(万元)	概率	中等值(万元)	概率	最低值(万元)	概率	
业务部门	2 100.00	0.10	1 700.00	0.60	1 500.00	0.30	0.40
管理部门	1 700.00	0.10	1 500.00	0.70	1 300.00	0.20	0.40
财务部门	1 900.00	0.20	1 600.00	0.60	1 400.00	0.20	0.20

制表人:黄宇　　　　　　　　　　　　　　　　　　　　　　　　　　　　　　复核人:吕新

表 3-13　　　　　　　　　　　　销售人员销售预测表
202×年 10 月 31 日

编制单位:上海毅力电子有限公司
产品名称:移动硬盘

销售人员	估计值						权重
	最高值(万元)	概率	中等值(万元)	概率	最低值(万元)	概率	
甲	2 300.00	0.10	1 900.00	0.70	1 400.00	0.20	0.20
乙	1 900.00	0.30	1 600.00	0.60	1 100.00	0.10	0.10
丙	2 200.00	0.20	1 800.00	0.60	1 200.00	0.20	0.30
丁	2 000.00	0.30	1 500.00	0.60	1 100.00	0.10	0.20
戊	2 100.00	0.20	1 600.00	0.70	1 300.00	0.10	0.20

制表人:黄宇　　　　　　　　　　　　　　　　　　　　　　　　　　　　　　复核人:吕新

二、作业要求

请运用 Excel 等工具帮助会计黄宇运用集合意见法预测明年移动硬盘的销售额。具体要求如下:

(1) 写出采用集合意见法测算销售额的步骤;

(2) 根据以上企业资料,计算预测销售额;

(3) 根据以上企业资料,用 Excel 等工具编制销售额预测表。

职业能力 2 　　能运用趋势预测分析法测算销售量（额）

核心概念

定量分析法　趋势预测分析法　算术平均法　加权平均法

学习目标

- 能说出定量分析法的含义、分类；
- 能说出趋势预测分析法的含义、分类；
- 能运用趋势预测分析法中的算术平均法测算销售量；
- 能运用趋势预测分析法中的加权平均法测算销售量；
- 能根据企业实情选择适合的预测方法，仔细认真、灵活运用算术平均法或加权平均法预测企业销售状况。

基本知识

销售预测中的定量分析法是指对相关信息中的历史资料运用数学方法进行加工处理，建立反映相关变量之间规律的预测模型的一种方法。它又可分为趋势预测分析法、因果预测分析法和市场调查法。

一、趋势预测分析法

趋势预测分析法是指根据某项历史销售指标，对按时间顺序排列的数据，运用一定的数学方法进行计算，预测未来发展趋势的一种方法。它又可分为算术平均法、加权平均法、移动平均法、指数平滑法等，本教材只介绍算术平均法和加权平均法。

1. 算术平均法

算术平均法是指根据若干期的历史实际销售量（额）的算术平均数，作为下期销售量（额）预测值的一种预测分析方法。其计算公式如下：

$$预测期销售量（额）= \frac{各期销售量（额）之和}{期数}$$

如果用 y 表示预测值，x 表示历史实际销售量（额），n 表示期数，x_i 表示第 n 期的实际销售量（额），则公式可以表述为：

$$y = \frac{\sum_{i=1}^{n} x_i}{n}$$

这种方法的优点是计算简单,缺点是将各个月份的销售差异平均化,没有考虑近期的变动趋势。如果时间序列存在时间变动趋势,则测出的预计数值与实际数值也会发生一定的误差。一般适用于各期销售量(额)比较稳定的产品销售预测。

2. 加权平均法(销售预测)

加权平均法是指将若干期的历史实际销售量(额)作为依据,按照各自对应的权数计算得出加权平均数,作为下期销售量(额)的预测值。一般来说,由于市场变化较大,距离预测期越近的样本值对其影响越大,而距离预测期越远的则影响越小,所以权数按照"时间由远到近,权数由小到大"的方法设置更合理。其计算公式如下:

$$预测期销售量(额) = \sum (各期销售量(额) \times 对应的权数)$$

如果用 y 表示预测值,x_j 表示历史实际销售量(额),w_j 表示权数($0 < w \leqslant 1$,且 $\sum w = 1$)

$$y = \sum_{i=1}^{n} x_j w_j$$

因为加权平均法考虑了近期市场变化的影响,较算术平均法更为合理,计算也很方便,因而在企业实践中应用比较多。

二、因果预测分析法

因果预测分析法是指根据历史资料建立与预测对象相关的因果关系的数学模型,用来描述预测对象的销售量(额)(因变量)与相关因素(自变量)之间的函数关系,利用这个函数关系计算预测对象在计划期的销售量(额)的一种方法。

三、市场调查法

市场调查法是指利用统计的方法抽样调查,结合研究产品的寿命周期等因素,来推断企业产品销售趋势的一种方法。市场调查法主要通过调查产品所处寿命周期的阶段、所处地区的经济发展状况、消费者的需求、产品的市场占有率等因素收集相关资料,进而整理并加工资料、计算并分析产品销售趋势。

能力训练

一、业务描述

上海华力有限公司主要生产经营化妆品,对明年化妆品的销售情况进行预测,财务部要求相关部门给提供近五年的历史实际销售资料,具体资料如表 3-14 所示。(假设不考虑其他税费,本公司会计王曦,会计主管张懿。)

表 3-14

近五年销售量表
20×9 年 12 月 31 日

编制单位:上海华力有限公司
产品名称:化妆品

年度	20×5 年	20×6 年	20×7 年	20×8 年	20×9 年	合计
销售量(瓶)	66 034	67 070	67 520	66 600	66 556	333 780

制表人:王曦　　　　　　　　　　　　　　　　　　　　　　　复核人:张懿

二、工作要求

根据以上资料,请运用趋势预测分析法帮助会计王曦对企业明年化妆品销售量进行预测。具体要求如下:

(1)分别运用算术平均法、加权平均法对企业明年化妆品销售量进行预测。

(2)总结梳理出两种方法在什么情况下使用预测结果更合理,才能帮助企业预测并制定销售目标,便于有效提高企业经营效益。

三、工作过程

根据以上资料,首先运用算术平均法对企业明年化妆品销售量进行预测,计算第六年的预期销售量;其次运用加权平均法对企业明年化妆品销售量进行预测,先确定各期权数、再计算第六年的预期销售量;最后比较两种方法计算结果,根据企业实情,凭借所学知识、经验、信息综合判断预测值的合理性。具体步骤如下:

第一步:分别运用算术平均法和加权平均法预测销售量

运用算术平均法计算预测期销售量。

$$预测期销售量 = \frac{各期销售量之和}{期数}$$

$$= \frac{(66\,034 + 67\,070 + 67\,520 + 66\,600 + 66\,556)}{5}$$

$$= 66\,756(瓶)$$

运用加权平均法计算预测期销售量。

(1)确定前五年各年份的权数。

根据权数按照"时间由远到近,权数由小到大"的方法设置,且权数之和为1。具体如表3-15所示。

表 3-15

近五年销售量表
20×9 年 12 月 31 日

编制单位:上海华力有限公司
产品名称:化妆品

年度	20×5 年	20×6 年	20×7 年	20×8 年	20×9 年	合计
销售量(瓶)	66 034	67 070	67 520	66 600	66 556	333 780
权数	0.10	0.15	0.20	0.25	0.30	1

制表人:王曦　　　　　　　　　　　　　　　　　　　　　　　复核人:张懿

（2）计算预测期销售量。

预测期销售量$=\sum$（各期销售量×对应的权数）

$$=66\,034×0.10+67\,070×0.15+67\,520×0.20+66\,600×0.25+66\,556×0.30$$
$$=66\,785（瓶）$$

第二步：对比分析，得出结论

比较两种方法计算结果，根据企业实情，凭借所学知识、经验、信息综合判断预测值的合理性。

用算术平均法计算第六年的预期销售量为 66 756 瓶，是直接用近五年的实际销售量计算简单的算数平均数，计算中没有考虑任何市场变化情况对销售量的影响；而加权平均法计算第六年的预期销售量为 66 785 瓶，计算中考虑到市场变化情况对销售量的影响（用近五年的实际销售量对应的权数来反映）；因此第六年的预期销售量为 66 785 瓶，更接近企业实际情况。本企业产品化妆品属于每期销售量波动不大的产品，两种方法计算结果的差异量不大。所以，在每期销售量波动不大的产品预测销售情况时均可以使用两种方法，但是在企业实践中更多则是使用加权平均法来预测销售情况。

四、要点提示

运用算术平均法预测销售情况时，要注意只有对企业每期销售量波动不大的产品使用才比较合理；如果能够很好地确定每期实际销售量对应的权数，则使用加权平均法预测销售情况较算术平均法预测的结果准确性更高。

运用趋势预测分析法测算销售量的注意事项及策略，具体见表 3-16 所示。

表 3-16　　　　运用趋势预测分析法测算销售量的注意事项及策略

序号	注意事项	具体操作	岗位要求
1	运用趋势预测分析法测算销售量时，应注意方法的选择	对于每期销售量波动不大的产品均可以使用算术平均法或加权平均法，但用加权平均法更为合理	要根据企业产品的实际情况来确定选择运用算术平均法或加权平均法测算销售量，或其他方法
2	运用加权平均法预测销售量时，应注意权数的设置	权数按照"时间由远到近，权数由小到大"的方法，且 $\sum_{1}^{i} w = 1$ 进行设置更合理	要根据企业产品的实际情况来确定权数

🔍 **问题情境一**

假设你是某奶茶店的会计，在为企业进行销售预测时，决定运用算术平均法计算预测销售量,那么其计算结果能否准确预测出未来销售量呢?

> **解析思路**:能准确的预测出销售量,但是预测值只能作为一个参考值,并非企业实际的销售量。该预计销售量与实际销售量会有一定的误差,只要误差不大是具有参考价值的,算术平均法一般适用于各期销售量比较稳定的产品预测销售量,其结果会更接近实际。

❓ 问题情境二

　　假设你是某奶茶店会计,近期因疫情影响市场变化较大、因素较多,经理让你根据企业实情预测销售量,用算术平均法和加权平均法计算预测销售量,你会选取哪种方法预测销售量呢?

> **解析思路**:在为企业预测销售量时,需要考虑市场变化对销售预测的影响,使用加权平均法更为合理;加权平均法考虑市场变化情况对销售量的影响,是用历史实际销售量对应的权数来反映市场变化的,预测结果更接近实际。

五、学习结果评价

　　通过本项目职业能力的学习,应掌握以下技能,按照此评价表对运用趋势预测分析法测算销售量的结果进行评价,见表 3-17 所示。

表 3-17　　　　　　　　运用趋势预测分析法测算销售量评价表

序号	评价内容	评价标准	评价分值
1	运用算术平均法计算预测期销售量	计算预测期销售量(额)	40 分
2	运用加权平均法计算预测期销售量	确定前五年的权数	30 分
		计算预测期销售量(额)	10 分
3	对比分析,得出结论	根据企业实情、凭借所学知识、经验、信息综合判断预测值的合理性	20 分

📖 课后作业

一、业务描述

　　上海毅力电子有限公司主要生产经营移动硬盘,为确定明年移动硬盘的销售预测值,财务部要求相关部门给提供近五年的历史实际销售资料,具体资料如表 3-18 所示。(假设不考虑其他税费。本公司会计黄宇，会计主管吕新。）

表 3-18

近五年销售量表
20×9 年 12 月 31 日

编制单位：上海毅力电子有限公司
产品名称：移动硬盘

年度	20×5 年	20×6 年	20×7 年	20×8 年	20×9 年	合计
销售量(个)	120 040	120 106	120 114	120 152	120 159	600 571
权数	0.10	0.15	0.20	0.25	0.30	1

制表人：黄宇　　　　　　　　　　　　　　　　　　　　　　　　　复核人：吕新

二、作业要求

根据以上资料，请运用趋势预测分析法帮助会计黄宇对企业明年移动硬盘销售量进行预测。具体要求如下：

（1）分别运用算术平均法、加权平均法对企业明年移动硬盘销售量进行预测；

（2）总结梳理出两种方法在什么情况下使用预测结果更合理，才能帮助企业预测并制定销售目标，便于有效提高企业经营效益。

工作任务二
成本预测

职业能力1　能运用高低点法预测成本

核心概念

成本预测　定量预测法　趋势预测法　因果预测法　定性预测法

学习目标

- 能列举成本预测分析的方法；
- 能运用高低点法对变动成本和固定成本进行预测分析；
- 能运用高低点法对总成本进行预测分析；
- 具备在工作中善于沟通、严谨求实、团结协作的职业素养。

基本知识

一、成本预测的含义

成本预测是指根据企业目前的经营状况和发展目标，利用定性分析和定量分析的方法，对企业未来成本水平和变动趋势进行的预测。

成本预测是成本管理的重要环节，是企业对于产品设计方案中选择零件自制或外购、是否增加新设备等成本决策的基础。通过成本预测掌握未来的成本水平和变动趋势，将有助于企业管理者提高经营管理工作中的预见性，减少盲目性，为编制成本计划、进行成本控制、成本分析和成本考核提供依据，为提高企业生产经营的效益提供切实可行的有力保证。

二、成本预测的分类

按预测的期限分，成本预测可以分为长期预测和短期预测。长期预测是指对一年以上期间进行的预测，如三年或五年。短期预测是指一年以内的预测，如按月、按季或按一年进行预测。

按预测内容分,成本预测又可分为制订计划或方案阶段的成本预测和在计划实施过程中的成本预测。

三、成本预测的程序

(1) 根据企业总体目标提出初步成本目标。

(2) 初步预测在目前情况下成本可能达到的水平,找出达到成本目标的差距。其中初步预测,就是不考虑任何特殊的降低成本措施,按目前主客观条件的变化情况,预计未来时期成本可能达到的水平。

(3) 考虑各种降低成本方案,预计实施各种方案后成本可能达到的水平。

(4) 选取最优成本方案,预计实施后的成本水平,正式确定成本目标。

以上成本预测程序表示的只是单个成本预测过程,而要达到最终确定的正式成本目标,这种过程必须反复多次进行。也就是说,只有经过多次的预测、比较,以及对初步成本目标的不断修改、完善,才能最终确定正式成本目标,并依据该目标组织实施成本管理。

四、成本预测的方法

成本预测的方法很多,如:定量预测法中的趋势预测法、因果预测法等,定性预测法中的因素变动预测分析法等。

成本预测的方法同销售预测的方法,在前面章节已做过介绍,本节只介绍运用高低点法预测成本。

五、成本预测的高低点法

成本预测的高低点法是指根据企业一定期间产品成本的历史资料,按照成本性态和 $y=a+bx$ 直线方程式,选用最高业务量和最低业务量的总成本之差(Δy),同两种业务量之差(Δx)进行对比,先求 b 的值,然后再代入原直线方程,求出 a 的值,从而估计推测成本发展趋势。

🏫 能力训练

一、业务描述

上海悦心化妆品公司生产了 5 个月的护手霜,护手霜是机器批量生产、装罐的产品,不容易确定固定成本和单独测算产品的变动成本,因此,财务上暂定在现有的生产水平及状态下目标成本为 29 100 元。会计张丽想运用每个月的产量和总成本数据运用高低点法测算出产品 6 月的成本,来推测目标成本是否偏离实际。该公司 1—5 月的产量及总成本资料如表 3-19 所示。(假设不考虑其他税费,本公司成本会计张丽,财务主管吕茜茜。)

表 3 - 19   **产量及成本表**

202×年 5 月 31 日

编制单位:上海悦心化妆品公司

产品名称:护手霜   单位:元

月份	产量(个)	总成本
1 月	2 300	30 000.00
2 月	2 100	27 500.00
3 月	2 000	27 000.00
4 月	2 400	32 000.00
5 月	2 250	29 000.00

制表人:张丽   复核人:吕茜茜

二、工作要求

根据以上资料,请帮助会计张丽运用高低点法预测企业销售的护手霜 6 月的成本,便于企业作出控制成本的决策。具体要求如下:

(1)预测 6 月的单位变动成本;

(2)预测 6 月的固定成本;

(3)预测 6 月的总成本;

(4)总结运用高低点法预测成本的结果是否合理,进而帮助企业预测并制定成本目标,便于有效控制成本提高企业经营效益。

三、工作过程

根据以上资料对企业销售产品的成本预测,帮助制定成本目标,有益于企业在后期的生产经营活动中的进行控制成本的决策。具体操作步骤如下:

第一步:预测单位变动成本

首先找出高低点对应的数量及其金额。从表 3 - 19 中的数据中可以找到高点(32 000,2 400),低点(27 000,2 000)。

然后计算单位变动成本,过程如下:

$$单位变动成本 = \frac{业务量最高点的产品成本 - 业务量最低点的产品成本}{最高点的业务量 - 最低点的业务量}$$

$$= \frac{32\,000 - 27\,000}{2\,400 - 2\,000} = 12.5(元／个)$$

第二步:预测固定成本

固定成本 = 业务量最高(低)点的产品成本 - 单位变动成本 × 最高(低)点业务量

$$= 32\,000 - 12.5 \times 2\,400 = 2\,000(元)$$

或 $$= 27\,000 - 12.5 \times 2\,000 = 2\,000(元)$$

第三步:计算预测期产品产量

运用简单算术平均数计算 6 月份的预计产量,计算如下:

$$预测期产品产量=\frac{各期产量之和}{期数}=\frac{2\,300+2\,100+2\,000+2\,400+2\,250}{5}=2\,210(个)$$

第四步:建立成本线性模型预测总成本

建立成本线性模型。根据 $y=a+bx$,得出成本线性模型:

$$y=2\,000+12.5x$$

再代入 6 月份的预计产量,计算总成本。

$$总成本=2\,000+12.5x=2\,000+12.5×2\,210=29\,625(元)$$

第五步:得出结论

已知在一定生产规模范围内,各期产品成本总额中的固定成本是基本稳定的,那么各期成本中最高点与最低点的差异就可以认为是由于产量因素变动而引起的各期变动成本总额中最高点与最低点的差异,固定成本就等于总成本减去变动成本,由此得出结论:

经过测算,预测 6 月产品固定成本为 2 000 元,单位变动成本是 12.5 元/个,这一模型只适用于产量在 2 000~2 400 个的相关范围才能比较接近实际;经过预测产量为 2 210 个,运用成本线性模型计算出预计总成本 29 625 元。财务上暂定在现有的生产水平及状态下目标成本为 29 100 元,两者相差 525 元,从数据上看相差不是很大,但是不能说完全符合实际。我们只能作为参考,并要持续预测及配合其他预测方法来进一步分析,才能确定目标成本,并动态调整。

四、要点提示

运用高低点法预测成本的注意事项及策略,具体见表 3-20 所示。

表 3-20　　　　　　　　　运用高低点法预测成本的注意事项及策略

序号	注意事项	具体操作	岗位要求
1	在运用高低点法预测变动成本与固定成本时,应注意找准最高点与最低点的业务量与成本	采用历史成本资料中的高点和低点两组数据计算 a 与 b,以业务量为标准对应的成本	业财融合:应根据企业产品的实际情况来确定最高点与最低点
2	在运用高低点法预测总成本时,注意预测计算的顺序及分析	按照下列顺序计算: (1) 预测单位变动成本 (2) 预测固定成本 (3) 计算预测期产品产量 (4) 建立成本线性模型预测总成本 (5) 根据预测结果确定目标成本	根据企业产品的实际情况计算预测总成本,并确定目标成本

-----· **❓ 问题情境** ·--

假设你是某奶茶店会计,经理要求你预测产品成本,你运用了高低点法预测得出了变动成本、固定成本和总成本三项数据,经理问:这个预测结果是绝对准确的吗? 你该怎样回答呢?

解析思路:不是很准确。高低点法是以高点和低点的数据来描述成本性态,因而具有一定的偶然性,这种偶然性会对未来成本的预计产生影响。同时,仅以高低两点决定成本性态缺乏代表性。因此,这种方法通常只适用于各期成本变动趋势较稳定、不含有任何不正常状态的情况。如果各期成本波动较大,仅以高低两点的成本数据代表所有成本的特性,则会出现较大的计算误差,这时还需结合其他预测方法同步预测才能得出较为合理的结果。

五、学习结果评价

通过本项目职业能力学习,应掌握以下技能,按照此评价表对运用高低点法预测成本的结果评价,见表 3 - 21 所示。

表 3 - 21   运用高低点法预测成本评价表

序号	评价内容	评价标准	评价分值
1	预测单位变动成本	找出高低点对应的数量及其金额	10 分
		计算单位变动成本	20 分
2	预测固定成本	计算固定成本	20 分
3	计算预测期产品产量	计算产品产量	20 分
4	建立成本线性模型预测总成本	建立成本线性模型	10 分
		计算总成本	10 分
5	得出结论	总结预测成本的结果是否准确,以及是否遵循在预测时的注意事项	10 分

📖 课后作业

一、业务描述

上海星辰文具有限公司 202×年 1—8 月圆珠笔的产量及总成本资料如表 3 - 22 所示。(假设不考虑其他税费,本公司成本会计岗位人员王华,财务主管林芳。)

表 3 - 22

成本明细表

202✕年 8 月 31 日

编制单位:上海星辰文具有限公司

产品名称:圆珠笔

单位:元

月份	产量(支)	产品成本
1 月	3 500	2 850.00
2 月	3 350	2 741.00
3 月	3 650	2 960.00
4 月	3 545	2 900.00
5 月	3 450	2 801.00
6 月	3 460	2 837.00
7 月	3 385	2 820.00
8 月	3 580	2 819.00

制表人:王华   复核人:林芳

二、作业要求

根据销售和生产预算 1—8 月产量及成本资料,请运用高低点法预测 9 月圆珠笔的产品成本。具体要求如下:

(1)预测 9 月的单位变动成本;

(2)预测 9 月的固定成本;

(3)预测 9 月的总成本;

(4)总结运用高低点法预测成本的结果是否合理,进而帮助企业预测并制定成本目标,便于有效控制成本提高企业经营效益。

职业能力 2 能运用加权平均法预测成本

核心概念

加权平均法   因素变动预测法

学习目标

● 能运用加权平均法对单位变动成本和固定成本进行预测分析;

- 能运用加权平均法对总成本进行预测分析；
- 能根据企业实情选择适合的预测方法，仔细认真、灵活运用加权平均法预测企业成本；
- 具备在工作中善于沟通、严谨求实、团结协作的职业素养。

📖 基本知识

一、加权平均法（成本预测）

加权平均法是指根据多个时期的固定成本和单位变动成本的历史资料，按照各自对应的权数计算得出的加权平均数，作为预测期加权平均成本的一种方法。

一般来说，由于市场变化较大，距离预测期越近的样本值对其影响越大，而距离预测期越远的则影响越小，所以权数按照"时间由远到近，权数由小到大"的方法设置更合理。其计算公式如下：

$$\text{预测期总成本 } y = \overline{a} + \overline{b}x = \sum_1^i aw + \sum_1^i bwx$$

用 y 表示总成本预测值，a 表示固定成本，$\overline{a}$ 表示固定成本平均数，b 表示单位变动成本，$\overline{b}$ 表示单位变动成本平均数，x 表示业务量，w 表示权数（$\sum_1^i w = 1$）。

因为加权平均法考虑了近期市场变化的影响，因而在企业实践中应用比较多。

二、因素变动预测法

预测成本的方法还有很多。在实际工作中，往往是定量分析法与定性分析法结合使用才能更准确地预测出企业的销售情况。其中，常用的预测成本的方法除了上述方法外还有因素变动预测法，但常用的方法不限于这两种方法。

因素变动预测法是指通过对影响成本的各项因素具体分析预测未来成本的方法。

本节内容主要介绍采用加权平均法进行成本预测。

🌐 能力训练

一、业务描述

上海华力有限公司主要经营的商品是化妆品，为了控制成本要进一步对其成本预测，财务部要求相关部门给提供近五年的历史实际销售资料，经整理后具体资料如表 3-23 所示。（假设不考虑其他税费，本公司会计王曦，会计主管张懿。）

表 3 - 23
近五年销售量表
20×9 年 12 月 31 日

编制单位:上海华力有限公司

产品名称:化妆品　　　　　　　　　　　　　　　　　　　　　　　　　　　　　单位:元

年度	20×5 年	20×6 年	20×7 年	20×8 年	20×9 年	合计
销售量(瓶)	66 034	67 070	67 520	66 600	66 556	333 780
固定成本	250 045.00	260 521.00	261 021.00	264 021.00	264 021.00	
单位变动成本	50.00	52.00	52.00	51.00	51.00	

制表人:王曦　　　　　　　　　　　　　　　　　　　　　　　　　　　　　复核人:张懿

二、工作要求

根据以上资料,请帮助会计王曦对企业销售的产品化妆品运用加权平均法预测明年成本,便于企业作出控制成本的决策。具体要求如下:

(1) 预测明年的单位变动成本;

(2) 预测明年的固定成本;

(3) 预测明年的总成本;

(4) 总结运用加权平均法预测成本的结果是否合理,进而帮助企业预测并制定成本目标,便于有效控制成本提高企业经营效益。

三、工作过程

根据以上资料对企业销售产品的成本预测,帮助制定成本目标,有益于企业在后期的生产经营活动中的进行控制成本的决策。具体操作步骤如下:

第一步:确定前五年的权数

根据权数按照"时间由远到近,权数由小到大",且 $\sum_1^i w = 1$ 的原则,每年间隔 0.05 来设置。具体如表 3 - 24 所示。

表 3 - 24
近五年销售量表
20×9 年 12 月 31 日

编制单位:上海华力有限公司

产品名称:化妆品　　　　　　　　　　　　　　　　　　　　　　　　　　　　　单位:元

年度	20×5 年	20×6 年	20×7 年	20×8 年	20×9 年	合计
销售量(瓶)	66 034	67 070	67 520	66 600	66 556	333 780
固定成本	250 045.00	260 521.00	261 021.00	264 021.00	264 021.00	
单位变动成本	50.00	52.00	52.00	51.00	51.00	
权数	0.10	0.15	0.20	0.25	0.30	1

制表人:王曦　　　　　　　　　　　　　　　　　　　　　　　　　　　　　复核人:张懿

第二步:计算预测单位变动成本平均数 $\bar{b}$

$$\bar{b} = \sum_1^i bw$$

$$=50 \times 0.10 + 52 \times 0.15 + 52 \times 0.20 + 51 \times 0.25 + 51 \times 0.30$$

$$=51.25(元 / 个)$$

第三步:计算预测固定成本平均数 $\bar{a}$

$$\bar{a} = \sum_{1}^{i} aw$$

$$=250\,045 \times 0.10 + 260\,521 \times 0.15 + 261\,021 \times 0.20 + 264\,021 \times 0.25 + 264\,021 \times 0.30$$

$$=261\,498.4(元)$$

第四步:建立成本线性模型,预测总成本

根据"职业能力2　能运用趋势预测分析法测算销售量(额)"中"能力训练"案例的预测结果第六年预测销售量 $=66\,785$(瓶)

$$预测期总成本\ y = \bar{a} + \bar{b}x$$

$$y = 261\,498.4 + 51.25x$$

$$=261\,498.4 + 51.25 \times 66\,785$$

$$=3\,684\,229.65(元)$$

第五步:得出结论

经过测算,预测明年产品平均固定成本为 261 498.4 元,平均单位变动成本是 51.25 元/瓶,经过预测销售量为 66 785 瓶,运用成本线性模型计算出预计总成本 3 684 229.65 元。可以将预测结果作为目标成本的参考值,要与实际销售量及实际成本结合分析,并持续预测及配合其他预测方法来进一步分析,才能确定目标成本,并动态调整。

四、要点提示

运用加权平均法预测成本的注意事项及策略,具体见表 3-25 所示。

表 3-25　　　　　　　　运用加权平均法预测成本的注意事项及策略

序号	注意事项	具体操作	岗位要求
1	运用加权平均法预测变动成本与固定成本、总成本时,注意使用预测的销售量	采用历史成本资料中的变动成本与固定成本数据计算 $\bar{a}$ 与 $\bar{b}$,以预测的销售量来计算总成本	根据企业产品的实际情况计算变动成本与固定成本
2	运用加权平均法预测销售量时,注意权数的设置	权数按照"时间由远到近,权数由小到大"的方法,且 $\sum_{1}^{i} w = 1$ 进行设置更合理	根据企业产品的实际情况来确定权数

问题情境

假设你是某奶茶店会计,经理让你对下个月销售的珍珠奶茶成本做预测,你运用加权平均法进行预测得出了单位变动成本和固定成本、总成本三项数据。经理问:预测结果是绝对准确的吗? 你应该怎样回答呢?

> 解析思路:不是很准确。加权平均法是以固定资产和单位变动成本的历史资料,按照各自对应的权数计算得出的加权平均数,作为预测期加权平均成本的一种方法。这种方法利用平均单位变动成本和平均固定成本及预测的销售量计算的总成本,预测数只能做参考。因此我们可以持续预测一段时间的数据,再结合定性分析同步预测,这样结果才更准确。

五、学习结果评价

通过本项目职业能力学习,应掌握以下技能,按照此评价表对运用加权平均法预测成本的结果评价,见表 3-26 所示。

表 3-26　　　　　　　　运用加权平均法预测成本评价表

序号	评价内容	评价标准	评价分值
1	确定前 5 年的权数	确定前五年的权数	10 分
2	计算预测单位变动成本平均数	计算平均单位变动成本	20 分
3	计算预测固定成本平均数	计算平均固定成本	20 分
4	建立成本线性模型预测总成本	计算预测销售量	10 分
		建立成本线性模型	10 分
		计算总成本	10 分
5	得出结论	总结预测成本的结果是否准确,在预测时的注意事项	20 分

课后作业

一、业务描述

上海毅力电子有限公司为确定明年移动硬盘的经营情况,要进一步预测其成本便于控制成本,财务部要求相关部门给提供近五年的历史实际销售资料,经整理后具体资料如表 3-27 所示。(假设不考虑其他税费。本公司会计黄宇,会计主管吕新。)

表 3-27

近五年销售量及成本表

20×9 年 12 月 31 日

编制单位:上海毅力电子有限公司

产品名称:移动硬盘

单位:元

年度	20×5 年	20×6 年	20×7 年	20×8 年	20×9 年	合计
销售量(个)	120 040	120 106	120 114	120 152	120 159	600 571
固定成本	150 000.00	150 280.00	150 320.00	150 260.00	150 270.00	
单位变动成本	25.00	26.00	27.00	26.00	26.00	
权数	0.1	0.15	0.2	0.25	0.3	1

制表人:黄宇

复核人:吕新

二、作业要求

根据以上资料,请帮助会计黄宇对企业生产销售的移动硬盘,运用加权平均法预测明年成本,便于企业控制成本。具体要求如下:

(1)预测明年的单位变动成本;

(2)预测明年的固定成本;

(3)预测明年的总成本;

(4)总结运用加权平均法预测成本的结果是否合理,进而帮助企业预测并制定成本目标,便于有效控制成本提高企业经营效益。

本项目综合实训

销售及成本预测（小型制造业企业）的案例

🔍 实训目标

• 能认真、细心、严谨地收集、筛选、加工、整理企业财务数据及非财务数据,运用相关法规明辨是非地判断、使用有用的真实信息;

• 能运用加权平均法预测销售量及销售额;

• 能运用加权平均法预测单位变动成本、固定成本及总成本;

• 能根据企业实情选择适合的预测方法,通过仔细认真的计算,灵活运用加权平均法预测销售及成本;

• 能运用大数据预测分析企业的销售及成本状况,为企业提供有价值的会计服务;

• 能熟练运用相关法规处理工作岗位上的相关财务事项,具备遵纪守法、依法办事的能力,初步形成业财融合、算管融合、算为管用的理念。

📖 能力训练

一、业务描述

上海华悦电子制造有限公司主要生产销售小家电,其中吸尘器的销售量占全部产品销售量的62%,居首位。为预测明年企业经营情况,吸尘器的销售及成本情况是重点预测对象,管理层要求各部门提供近五年的实际销售及成本情况,由财务部门汇总资料对吸尘器20×9年销售及成本预测分析。假设吸尘器的销售价格不变,仍然为328元/个,经过筛选整理后销售量与成本具体资料如表3-28所示。(假设不考虑其他税费,本公司会计吴华,财务主管文立。)

表3-28　　　　　　　　　　　　　　近五年销售量及成本表
20×9年1月1日

编制单位:上海华悦电子制造有限公司
产品名称:吸尘器

单位:元

年度	20×4年	20×5年	20×6年	20×7年	20×8年	合计
销售量(个)	266 251	266 680	266 306	266 691	266 523	1 332 451
固定成本	125 000.00	125 320.00	125 600.00	125 210.00	125 250.00	
单位变动成本	280.00	285.00	281.00	281.00	282.00	

制表人:吴华　　　　　　　　　　　　　　　　　　　　　　　　　　复核人:文立

二、工作要求

根据以上资料,请帮助会计吴华预测 20×9 年吸尘器的销售情况,来分析企业的经营状况。具体要求如下:

(1) 预测 20×9 年的销售量及销售额;

(2) 预测 20×9 年的单位变动成本;

(3) 预测 20×9 年的固定成本;

(4) 预测 20×9 年的总成本;

(5) 总结分析预测销售及成本的结果,分析产品的经营状况,便于有效控制成本、分析企业销售,提高企业经营效益。

三、工作过程

根据以上资料,预测明年吸尘器的销售情况:首先提出预测项目和要求;其次分析企业现状选择预测方法;再次运用加权平均法对企业明年吸尘器的销售量及成本进行预测,先确定各期权数、再计算明年的预期销售量、成本;最后确定最终的预测值,得出结论。具体步骤如下:

第一步:筛选整理企业基本资料,分析选用预测方法、确定预测目标

根据近五年销售量及成本表资料,分析选用预测方法及确定预测项目。

根据表 3－29 所示,吸尘器近五年销售量波动不大,可以使用算术平均法或加权平均法测算,但是,加权平均法是考虑了近期市场变化因素的方法,市场变化用权数来表述,计算结果较算术平均法更加准确,所以,使用加权平均法进行预测销售量更为合理。

吸尘器近五年销售量、固定成本及单位变动成本均波动不大,表明该产品销售量及成本也是比较稳定,既可以使用算术平均法也可以使用加权平均法进行预测,但是,使用加权平均法预测单位变动成本、固定成本及总成本更为合理。

当销售单价不变的情况下,销售额的大小取决于销售量,因而根据销售额、总成本可以简单预测出明年吸尘器的经营利润,来分析预测其销售状况,来帮助企业管理层来进一步作出决策。

第二步:运用加权平均法计算预测期销售

先预测销售量、再预测成本。运用加权平均法预测销售量,先确定权数再计算销售量。

一是确定前五年的权数。根据权数按照"时间由远到近,权数由小到大",且 $\sum_{1}^{i} w = 1$ 的原则,每年间隔 0.05 来设置。具体如表 3－29 所示。

表 3－29　　　　　　　　　　　　　**近五年销售量及成本表**
20×9 年 1 月 1 日

编制单位:上海华悦电子制造有限公司
产品名称:吸尘器　　　　　　　　　　　　　　　　　　　　　　　　　　　　　单位:元

年度	20×4 年	20×5 年	20×6 年	20×7 年	20×8 年	合计
销售量(个)	266 251	266 680	266 306	266 691	266 523	1 332 451
固定成本	125 000.00	125 320.00	125 600.00	125 210.00	125 250.00	
单位变动成本	280.00	285.00	281.00	281.00	282.00	
权数	0.10	0.15	0.20	0.25	0.30	1

制表人:吴华　　　　　　　　　　　　　　　　　　　　　　　　　　　　复核人:文立

二是计算预测期销售量,过程如下:

预测期销售量(额)＝$\sum$(各期销售量(额)×对应的权数)

＝266 251×0.10＋266 680×0.15＋266 306×0.20＋266 691×0.25＋266 523×0.30

＝266 518(个)

三是计算预测销售额,过程如下:

预测期销售额＝266 518×328＝87 417 904(元)

第三步:计算预测单位变动成本平均数 $\bar{b}$

运用加权平均法计算公式预测单位变动成本平均数。计算过程如下:

$$\bar{b}=\sum_1^i bw$$

$$=280×0.10＋285×0.15＋281×0.20＋281×0.25＋282×0.30$$

$$=281.8(元／个)$$

第四步:计算预测固定成本平均数 $\bar{a}$

运用加权平均法计算公式预测固定成本平均数。计算过程如下:

$$\bar{a}=\sum_1^i aw$$

＝125 000×0.10＋125 320×0.15＋125 600×0.20＋125 210×0.25＋125 250×0.30

＝125 295.5(元)

第五步:建立成本线性模型,预测总成本

根据预测的单位变动成本平均数、固定成本平均数,代入成本线性模型,计算总成本。计算过程如下:

$$建立成本线性模型\ y=\bar{a}+\bar{b}x$$

$$预测期总成本\ y=125\,295.5＋281.8x$$

$$=125\,295.5＋281.8×266\,518$$

$$=75\,230\,067.9(元)$$

第六步:计算预测息税前利润

根据预测的销售额与预测成本计算出税前利润。计算过程如下:

根据收入－成本＝利润,来测算产品利润,则

预测期产品利润＝87 417 904－75 230 067.9＝12 187 836.1(元)

或根据边际贡献总额来测算税前利润,则

边际贡献总额＝销售收入－变动成本

$$=87\,417\,904－281.8×266\,518＝12\,313\,131.6(元)$$

息税前利润＝边际贡献总额－固定成本

$$= 12\,313\,131.6 - 125\,295.5 = 12\,187\,836.1(元)$$

第七步:分析经营,得出结论

经过测算,预测 20×9 年吸尘器销售量为 266 518 个,销售额为 87 417 904 元,平均固定成本为 125 295.5 元,平均单位变动成本为 281.8 元/个,总成本 75 230 067.9 元,产品利润 12 187 836.1 元。从预测结果来看,吸尘器的利润率为 13.94%(12 187 836.1÷87 417 904),只要保持现有销售量,在销售单价不变、成本保持现状的情况下,就能保持 13.94% 的利润。如果想提高经营效益,可以在单位变动成本或固定成本上着手,严格控制,可将预测的总成本作为目标成本的一个参考值,结合其他方法分析并确定目标成本,使之与实际销售量及实际成本结合分析,持续动态调整,不断修正目标成本,以达到控制成本、降低成本、提高企业经营效益的目的。

四、要点提示

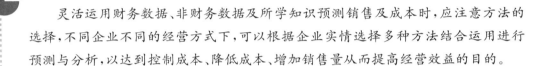

灵活运用财务数据、非财务数据及所学知识预测销售及成本时,应注意方法的选择,不同企业不同的经营方式下,可以根据企业实情选择多种方法结合运用进行预测与分析,以达到控制成本、降低成本、增加销售量从而提高经营效益的目的。

综合预测销售及成本的注意事项及策略,具体见表 3-30 所示。

表 3-30　　　　　　　　综合预测销售及成本的注意事项及策略

序号	注意事项	具体操作	岗位要求
1	搜集资料,筛选整理有用信息,注意财务信息与非财务信息结合分析,确定选择预测方法	筛选整理财务信息及业务信息,针对销售量稳定变动不大的产品选择加权平均法结合集合意见法或因素分析法等方法预测分析,其结果可靠性高,具有参考价值	业财融合:筛选整理编制销售预测所需用的财务与非财务信息结合分析,确定预测方法;定性分析法与定量分析法结合使用,预测结果可靠性高,具有参考价值
2	运用加权平均法预测销售及成本时,要注意权数的设置	按照"时间由远到近,权数由小到大",且 $\sum_{1}^{i} w = 1$ 的原则设置	根据市场变化因素及企业实情设置权数
3	综合分析预测结果时,要注意将销售量与成本的预测结果结合分析	将预测销售结果与成本结果结合分析成本及利润,其结果可以作为目标成本的参考值,但还需结合其他方法进一步分析,并随着时间推移动态调整目标成本	根据企业实情结合预测结果分析成本,以便于设定目标成本

五、学习结果评价

通过本项目职业能力的学习,应掌握以下技能,按照此评价表对综合预测销售及成本结果的评价,见表 3 - 31 所示。

表 3 - 31　　　　　　　　　　综合预测销售及成本评价表

序号	评价内容	评价标准	评价分值
1	筛选整理企业基本资料,分析选用预测方法、确定预测目标	选用预测方法	10 分
		确定预测目标	5 分
2	运用加权平均法计算预测期销售	确定前五年的权数	10 分
		计算预测期销售量	10 分
		计算预测期销售额	5 分
3	计算预测单位变动成本平均数	计算单位变动成本平均数 $\bar{b}$	10 分
4	计算预测固定成本平均数	计算固定成本平均数 $\bar{a}$	10 分
5	建立成本线性模型,预测总成本	建立成本线性模型	5 分
		计算总成本	5 分
6	计算预测息税前利润	计算息税前利润	10 分
7	分析经营,得出结论	分析预测结果,得出最终结论	20 分

📋 课后作业

一、业务描述

　　上海申亿电子制造有限公司主要生产经营电子办公设备,其中打印机的销售量占了全部产品销售量的 80%,居首位。预测明年会出现销售下滑,估计之后五年也会逐年下降,企业是否要转产、经营方向怎样变化,管理层需要进一步分析企业经营情况再做决策。现要预测明年打印机的销售及成本情况,要求各部门提供近五年的实际销售及成本情况,由财务部门汇总资料对打印机明年的销售及成本进项预测分析。经过筛选整理后销售价格不变 810 元/台,销售量与成本具体资料如表 3 - 32 所示。(假设不考虑其他税费。本公司会计张欣奕,财务主管李欢。)

表 3 - 32　　　　　　　　　　近五年销售量及成本表

20×9 年 1 月 1 日

编制单位:上海申亿电子制造有限公司

产品名称:打印机　　　　　　　　　　　　　　　　　　　　　　　　　　单位:元

年度	20×4 年	20×5 年	20×6 年	20×7 年	20×8 年	合计
销售量(台)	87 520	87 924	86 624	86 420	86 400	434 888
固定成本	234 010.00	236 710.00	235 000.00	235 010.00	234 000.00	
单位变动成本	560.00	572.00	570.00	571.00	570.00	

制表人:张欣奕　　　　　　　　　　　　　　　　　　　　　　　　　复核人:李欢

二、工作要求

根据以上资料，请帮助会计张欣奕预测 20×9 年企业生产打印机的销售情况，来分析其经营状况。具体要求如下：

（1）预测 20×9 年的销售量及销售额；

（2）预测 20×9 年的单位变动成本；

（3）预测 20×9 年的固定成本；

（4）预测 20×9 年的总成本；

（5）总结分析预测销售及成本的结果，分析产品的经营状况，便于有效控制成本、分析企业销售、提高企业经营效益。

（6）请思考会计人员要怎样做，才能主动参与企业的经营管理，根据企业实情细致认真、客观公正地预测企业的销售及成本情况，为企业提供有价值的财务信息。

项目四

优胜劣汰促发展
——短期经营决策

本项目职业能力

短期经营决策

工作任务一 生产经营决策
- 职业能力1 对零部件作出自制或外购的决策
- 职业能力2 对新产品是否投产作出决策
- 职业能力3 对是否接受临时订单作出决策
- 职业能力4 对亏损产品是否停产作出决策

工作任务二 定价决策
- 职业能力1 以成本为导向的定价决策
- 职业能力2 以市场需求为导向的定价决策

本项目综合实训一 对亏损产品是否停产作出决策（小型服务业企业）的案例

本项目综合实训二 定价决策（小型制造业企业）的案例

学习目标

通过本项目的学习,熟悉差量分析法、成本加成定价法、边际利润定价法的要点,能筛选、整理与决策相关的信息,掌握运用差量分析法对零部件作出自制或外购的决策,运用边际贡献法对新产品是否投产作出决策,运用边际贡献法对是否接受临时订单作出决策,运用边际贡献法对亏损产品是否停产作出决策。掌握以成本为导向的定价决策,以市场需求为导向的定价决策;能分析小型服务业企业亏损产品是否停产决策。能运用管理会计应用工具进行细致计算、坚持原则、诚实守信的分析判断,择优做出短期经营决策,初步形成业财融合、算为管用的管理理念。

重点难点

◆ 学习重点

- 运用差量分析法对零部件作出自制或外购决策;
- 运用边际贡献法对新产品是否投产作出决策;
- 运用边际贡献法对是否接受临时订单作出决策;
- 运用边际贡献法对亏损产品是否停产作出决策的生产经营决策;
- 运用成本加成定价法进行定价;
- 运用边际利润定价法进行定价。

◆ 学习难点

- 运用差量分析法对零部件作出自制或外购决策;
- 运用边际贡献法对新产品是否投产作出决策;
- 运用边际贡献法对是否接受临时订单作出决策;
- 运用边际贡献法对亏损产品是否停产作出决策的生产经营决策;
- 以成本为导向进行定价决策;
- 以市场需求为导向进行定价决策。

工作任务一 生产经营决策

职业能力1 对零部件作出自制或外购的决策

核心概念

生产经营决策 自制或外购决策 差量成本分析法

学习目标

- 能筛选整理与决策相关的信息和剔除与决策无关的信息;
- 能在与决策相关的信息中计算出差量成本、差量收入和差量利润;
- 能根据计算结果对零部件是自制还是外购作出决策;
- 在运用差量分析法对零部件作出自制或外购决策时,能运用成本管理工具进行细致的计算,坚持原则,作出诚实可靠的分析,并择优作出决策。

基本知识

一、生产经营决策

生产经营决策是指为了实现一定的目标,借助于科学的理论和方法,进行必要的计算、分析和判断,从若干可供选择的方案中,选择并确定其中一个最优方案的决断过程。

生产经营决策主要包括:①自制还是外购的决策;②新产品投产决策;③是否接受临时订单的决策;④亏损产品是停产还是增产的决策等。

决策分析的程序如图4-1所示:

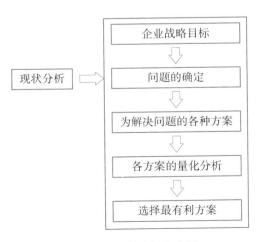

图4-1 决策分析程序图

二、自制或外购决策的有关说明

自制或外购决策,是指产品的零部件选择由自己工厂生产还是从市场采购的决策。对于零部件是自制还是外购,应根据工厂是否有剩余的生产能力所需要考虑的因素而有所不同。如果有剩余的生产能力,说明固定成本的分配额没有变化,在决策时不需要考虑固定成本的变化;如果工厂没有剩余的生产能力,自己生产零部件需要新增设备,则要考虑固定资产投资的问题,固定资产投资决策不在本教材介绍,即本教材不涉及追加专属成本。

本任务是围绕有剩余生产能力的自制外购决策进行介绍的。

三、差量分析法

在零部件外购还是自制的决策时,可以用"差量分析法"进行决策,主要运用差量成本进行决策。差量成本是指两个备选方案预期成本之间的差异数。不同方案的经济效益,可以通过差量成本的计算判断成本的节约额,从而判断哪个方案更优。在有剩余生产能力的情况下,计算差量成本时不需要考虑固定成本。

🌐 能力训练

一、业务描述

上海蓝天电机有限公司是一家生产精密仪器的生产加工企业。该精密仪器的某个零部件一直以来都是从市场上购买的,价格为 8 000 元/个,每个月的需求量为 500 个。假设生产该零部件的类似机器设备有 2 台,目前处于闲置状态,考虑对这 2 台机器设备进行细微调整就可以生产该零部件(即利用工厂的剩余生产能力自行生产该零件)。如果自行生产,则 1 单位零部件的成本见表 4-1 所示。(假设不考虑其他税费。本公司会计王玥,财务主管李宛。)

表 4-1
单位零部件生产成本表
202×年 7 月 31 日

编制单位:上海蓝天电机有限公司
产品名称:精密仪器某部件
单位:元

项目	直接材料	直接人工	变动制造费用	固定制造费用	单位零部件总成本
自制单位金额	4 000.00	1 200.00	800.00	6 000.00	12 000.00

制表人:王玥   复核人:李宛

二、工作要求

如果你是这家公司的财务经理,你会建议公司是自制该零部件还是外购呢?

三、工作过程

如果工厂的剩余生产能力能够满足 500 个零部件的生产需求,则决策时"差量成本"里不包括固定制造费用。具体计算分析步骤:首先考虑自行生产方案,通过计算变动成本来分析成本;其次考虑外购方案,通过计算外购成本来分析成本;最后计算差量成本,选择两个方案中成本低的方案。

第一步：自行生产方案，计算自制零部件变动成本

表4-2

自行生产方案成本表

202×年7月31日

编制单位：上海蓝天电机有限公司

产品名称：精密仪器某部件

单位：元

项目	直接材料	直接人工	变动制造费用	固定制造费用	总成本
自制单位金额	4 000.00	1 200.00	800.00	6 000.00	12 000.00
自行生产500个成本	2 000 000.00	600 000.00	400 000.00	6 000.00	3 006 000.00

制表人：王玥 复核人：李宛

因差量成本不包括固定制造费用，所以

自制零部件变动成本＝2 000 000＋600 000＋400 000＝3 000 000（元）

第二步：外购方案，计算外购零部件变动成本

外购时，购入零部件变动成本＝8 000×500＝4 000 000（元）

第三步：计算差量成本，选择最优方案

由于自制零部件变动成本为3 000 000元，小于购入零部件变动成本4 000 000元，因此，计算两者差量成本：

差量成本＝3 000 000－4 000 000＝－1 000 000（元）

自制零部件的差量成本为－1 000 000元，即自制零部件比外购零部件节约成本1 000 000元，外购的成本高于自制的成本，公司应选择自制该零部件。

四、要点提示

使用"差量成本"时应注意以下两个方面（或两个条件）：一是各方案变动成本发生额不一样；二是在有剩余生产能力的情况下，不需要考虑固定成本。

对自制或外购进行决策的注意事项及策略，具体见表4-3所示。

表4-3 **对自制或外购进行决策的注意事项及策略**

序号	注意事项	具体操作	岗位要求
1	管理会计中，在做零部件是自制还是外购这样类型的决策时，用到的是与财务会计不同的成本概念	财务会计中，我们需要知道产品的实际成本，所以使用的是完全成本法。但在短期经营决策中，如果根据产品的完全成本来做决策，往往会错失机会。此时，变动成本、差量成本等管理会计中的成本概念更适合在短期经营决策中被使用	在做短期经营决策时，能准确区分变动成本与固定成本、相关成本与无关成本
2	在决策时要注意差量分析法的使用条件	在有剩余生产能力的情况下，只考虑变动成本，不考虑固定成本	在做零部件是自制还是外购决策时，能判断差量成本；并能正确计算差量成本

-------- ❓ **问题情境** --------

假设你是某奶茶店的财务经理,在对珍珠奶茶中使用的珍珠是自制还是外购进行决策时,两个方案的变动成本发生额如果一致,能否采用差量分析法来作出决策呢?

解析思路:不能。在对半成品(或原材料)是自制还是外购的决策中,分析"差量成本"时,必须是各方案的变动成本发生额不一致,并且不考虑固定成本。

五、学习结果评价

通过本项目职业能力的学习,应掌握以下技能,按照此评价表对自制或外购作出决策的结果进行评价,见表 4 - 4 所示。

表 4 - 4   **对自制或外购作出决策评价表**

序号	评价内容	评价标准	评价分值
1	自行生产方案,计算自制零部件成本	直接材料费	10 分
		直接人工费	10 分
		变动制造费用	10 分
2	自制方案,计算变动成本	计算变动成本	20 分
	外购方案,计算变动成本	计算变动成本	20 分
3	选择最优方案	比较方案得出结论,选择最优方案	30 分

📖 **课后作业**

一、业务描述

上海嘻嘻食品公司生产并销售一批柚子茶,目前柚子茶的包装瓶均是从市场上购买,随着销售量越来越大,公司考虑是否要自行生产柚子茶包装瓶。

目前从市场上购买包装瓶为 2 元/个,年需求量为 12 000 个,假设现有生产设备有剩余生产能力,能够满足自行生产包装瓶。公司通过估算,如果自行生产,则 1 单位包装瓶的成本见表 4 - 5 所示。(假设不考虑其他税费。本公司成本会计岗位人员黄英,会计主管刘新。)

表 4 - 5   **单位包装瓶生产成本表**
202×年 10 月 31 日

编制单位:上海嘻嘻食品公司
产品名称:柚子茶包装瓶   单位:元

项目	直接材料	直接人工	变动制造费用	固定制造费用	单位包装瓶总成本
自制单位金额	0.50	0.60	0.40	0.30	1.60

制表人:黄英   复核人:刘新

二、作业要求

如果你是这家公司的财务经理,你会建议公司总经理自制包装瓶还是继续外购呢? 请运用相关成本管理工具进行分析决策。

职业能力 2　对新产品是否投产作出决策

核心概念

新产品投产　专属成本　边际贡献法

学习目标

- 能区分新产品投产是否需要追加专属固定成本;
- 能用边际贡献法对不需要追加固定成本的新产品是否投产作出决策;
- 在使用边际贡献法对新产品是否投产作出决策时,能运用成本管理工具进行细致计算,坚持原则,作出诚实可靠的分析,并择优作出决策。

基本知识

一、新产品投产决策的概念

新产品投产决策是指分析决定某种新产品是否要投产。在做新产品是否能投产的决策时,主要需要考虑该种新产品是否能打开市场销路及其盈利前景如何。如果通过对产品市场需求的调查和预测,认为这种产品可让企业有利可图,则应当考虑投产;反之则不宜投产。

二、专属成本的概念

专属成本又称特定成本,是指那些能够明确归属于特定决策方案的固定成本或混合成本。没有产品或部门,就不会发生这些成本,所以专属成本是与特定的产品或部门相联系的特定成本。

三、选择新产品投产决策的方法

如果企业有剩余的生产能力,即生产新产品不需要增加专属固定成本时,可以采用边际贡献法来选择提供边际贡献总额最多的方案。

边际贡献法公式如下:

$$单位边际贡献＝单价－单位变动成本$$
$$边际贡献总额＝销售收入－变动成本$$
$$＝单位边际贡献×销售量$$

🌐 能力训练

一、业务描述

上海有棉制衣公司现有剩余年生产能力为 30 000 小时机器工时的设备,该剩余生产能力可用于投产衬衫或 T 恤两种产品。假设两种产品所使用设备能力相同。两种产品的相关资料如表 4-6 所示。(假设当月生产产品均完工并销售,且不考虑其他税费。本公司会计洪林,财务经理智星。)

表 4-6   产品资料表
202×年 8 月 31 日

编制单位:上海有棉制衣公司
产品名称:衬衫、T 恤   单位:元

项目	衬衫	T 恤
单位机器工时(小时)	1.25	2.50
销售单价	150.00	75.00
单位变动成本	120.00	30.00

制表人:洪林   复核人:智星

二、工作要求

请分析以上业务资料,如果你是该公司财务经理,你会建议老板投资生产哪种产品呢?

三、工作过程

在对新产品是否投产进行决策时,应该考虑是否需要追加专属成本,如果不需要追加专属成本,可以采用边际贡献法进行分析。首先判断该新产品投产是否需要追加专属成本,其次编制两种产品边际贡献计算表进行分析,最后选出最优方案。

具体计算分析如下:

第一步:判断该新产品投产是否需要追加专属成本

假设两种产品所使用设备能力相同,判断得出投产两种产品中的任何一种都不需要追加新的固定资产,可以运用边际贡献法对该决策进行分析。

第二步:编制两种产品边际贡献计算表

根据产品资料,计算过程如下:

(1) 最大产量 $=\dfrac{剩余最大生产能力}{单位机器工时}$

衬衫的最大产量 $=\dfrac{30\,000}{1.25}=24\,000$(件)

T 恤的最大产量 $=\dfrac{30\,000}{2.5}=12\,000$(件)

(2) 单位边际贡献=单价-单位变动成本

衬衫的单位边际贡献＝150－120＝30(元/件)

T恤的单位边际贡献＝75－30＝45(元/件)

(3)边际贡献总额＝单位边际贡献×销售量

衬衫的边际贡献总额＝30×24 000＝720 000(元)

T恤的边际贡献总额＝45×12 000＝540 000(元)

接着利用得到的数据编制边际贡献计算表,具体见表4－7。

表4－7

边际贡献计算表
202×年8月31日

编制单位:上海有棉制衣公司

产品名称:衬衫、T恤　　　　　　　　　　　　　　　　　　　　　　　　　　　　　　单位:元

项目	衬衫	T恤
最大生产能力(机器工时)	30 000	
最大产量	24 000	12 000
销售单价	150.00	75.00
单位变动成本	120.00	30.00
单位边际贡献	30.00	45.00
边际贡献总额	720 000.00	540 000.00

制表人:洪林　　　　　　　　　　　　　　　　　　　　　　　　　　　　　　复核人:智星

第三步:选出最优方案

从表4－7的计算结果可以看出,该企业生产衬衫能比生产T恤创造出多的边际贡献总额为180 000元(720 000－540 000),获得的经济效益更大。所以,生产衬衫的方案最为有利。

四、要点提示

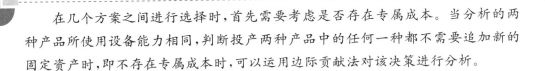

在几个方案之间进行选择时,首先需要考虑是否存在专属成本。当分析的两种产品所使用设备能力相同,判断投产两种产品中的任何一种都不需要追加新的固定资产时,即不存在专属成本时,可以运用边际贡献法对该决策进行分析。

对新产品是否投资决策的注意事项及策略,具体见表4－8所示。

表4－8

新产品是否投产决策的注意事项

注意事项	具体操作	岗位要求
在做新产品是否投产决策时,要注意是否应追加专属固定成本的计算与分析	当该决策不需要追加专属固定成本时采用边际贡献法;计算分析以下内容:计算单位变动成本、单位边际贡献、边际贡献总额、分析选择最优方案	能在决策中正确计算分析边际贡献作出方案选择

问题情境

假设你是某奶茶店经理,近期店里开发了新口味果茶,果茶可以利用现有设备生产且现有设备有部分时间闲置,你会不会因为对现有设备生产能力认识不足而采购生产果茶的设备呢? 应该怎样尽量避免发生呢?

解析思路:这样的情况可能发生。经营者的自身经验决定着职业判断的准确程度,在缺乏经验或专业知识的情况下往往会做出不完整或不准确的职业判断,譬如忽略现有设备释放出的剩余生产能力,作出购买固定资产的决策,给企业造成增加成本的潜在风险。所以,财务人员要充分考虑在现有基础上,是否有剩余的生产能力可供使用以节约成本,这时对生产新产品可以选择边际贡献法计算分析提供边际贡献最多的方案,放大企业的营业利润,从而为经营者提供有价值的财务信息。

五、学习结果评价

通过本项目职业能力的学习,应掌握以下技能,按照此评价表对新产品投产作出决策的结果进行评价,见表4-9所示。

表4-9   对新产品投产作出决策评价表

序号	评价内容	评价标准	评价分值
1	判断该新产品投产是否需要追加专属成本	对是否需要追加专属成本作出判断	20分
		选择适合的分析工具	20分
2	编制两种产品边际贡献计算表	正确填写最大产量	15分
		正确计算单位边际贡献	15分
		正确计算边际贡献总额	10分
3	选择最优方案	根据计算结果作出决策	20分

课后作业

一、业务描述

上海臻牛牛奶厂一直仅销售纯牛奶,还有剩余年生产能力为50 000小时机器工时的设备,该剩余生产能力可用于生产纯牛奶或酸奶两种产品。厂长想扩大市场占有率,假设两种产品所使用设备能力相同,增产纯牛奶或生产酸奶出售。两种产品的相关资料如表4-10所示。(假设当月生产产品均完工并销售,且不考虑其他税费,本公司会计李森,财务经理武盈盈。)

表 4－10

产品资料表

202×年 8 月 31 日

编制单位:上海臻牛牛奶厂

产品名称:纯牛奶、酸奶

单位:元

项目	纯牛奶	酸奶
单位机器工时(小时)	1.03	2.06
销售单价	4.00	12.00
单位变动成本	2.00	6.00

制表人:李森　　　　　　　　　　　　　　　　　　　　　　复核人:武盈盈

二、作业要求

如果你是该牛奶厂的财务经理,你会建议老板生产哪种产品? 请运用相关管理会计应用工具进行分析决策。

职业能力 3　对是否接受临时订单作出决策

核心概念

临时订单　固定成本与决策的关系

学习目标

- 能判断固定成本分配额的变化对决策的影响;
- 能根据计算结果对是否接受临时订单作出决策;
- 在使用边际贡献法对是否接受临时订单作出决策时,能运用成本管理工具进行细致计算、坚持原则,诚实守信地分析现状,并择优作出决策。

基本知识

一、临时订单

临时订单是指非预期的,并且是不频繁发生的订单。在企业有剩余生产能力时,如果接到临时订单,但其销售价格低于一般的市场价格,甚至低于该种产品的全部成本,就要考虑是否接受该项订货。

二、固定成本与决策的关系

在是否接受临时订单决策中,如果公司有剩余生产能力,即使接受该订单,固定资产分配额也不会发生变化,即固定成本属于无关成本,不需要考虑,只要临时订单的价格大于该产品的单位变动成本,就可以接受。反之则不能接受。

三、选择决策的方法

是否接受临时订单决策与新产品投产决策在方法选择上类似,如果企业有剩余生产能力,接受临时订单不需要增加专属固定成本时,可以采用边际贡献法,选择提供边际贡献最多的方案。

能力训练

一、业务描述

上海有味辣酱厂是一家生产并销售辣酱的小型加工厂,通过测评得出工厂的最大产能是每月可以生产 1 500 瓶辣酱;目前工厂每月生产并销售 1 000 瓶,固定成本总额为 3 000 元,变动成本为 8 元/瓶,正常售价 20 元/瓶。现有客户来订货 200 瓶,每瓶购买单价 9 元。(假设不考虑其他税费。本公司会计吕馨,财务负责人刘轩。)

二、工作要求

如果你是该厂的财务经理,你会建议决策者接受这个订单吗?

三、工作过程

在对是否接受临时订单进行决策时,首先判断企业是否有剩余生产能力来接受临时订单,其次运用边际贡献法进行计算分析,最后得出结论。

具体步骤如下:

第一步:判断企业是否有剩余生产能力接受临时订单

该公司工厂的最大产能是每月可以生产 1 500 瓶辣酱,目前工厂每月生产并销售 1 000 瓶,因此有 500 瓶的剩余生产能力。客户订货 200 瓶,如果接受该订单,固定资产分配额不会发生变化,所以决策时固定成本属于无关成本不需要考虑,选择运用边际贡献法计算分析。

第二步:运用边际贡献法进行计算

销售收入=200×9=1 800(元)

变动成本=200×8=1 600(元)

边际贡献=1 800-1 600=200(元)

根据计算结果可知,边际贡献>0,即接受该订单可以产生 200 元的利润。

或:单位边际贡献=9-8=1>0,即可以接受订单。

第三步:作出决策

首先,接受该订单,固定成本属于无关成本,企业的剩余生产能力能够承受。

其次,临时订单的价格 9 元/瓶,大于该产品的单位变动成本 8 元/瓶。

因此该订单可以接受。

四、要点提示

在是否接受临时订单决策中,如果因为顾客的价格低于市场价,甚至低于产品成本,就放弃订单,那么很可能错过赚钱的机会。此时应该运用边际贡献法判断是否能取得利润。因为计算边际贡献和固定成本不相关,所以在做是否接受该订单的决策时,固定成本属于无关成本,无需考虑。

对是否接受临时订单作出决策的注意事项及策略,具体见表 4-11 所示。

表 4-11　　　　对是否接受临时订单作出决策的注意事项及策略

序号	注意事项	具体操作	岗位要求
1	是否接受临时订单运用边际贡献法作出经营决策时,根据实情选择具体的计算方法	如果有剩余的生产能力,可以通过边际贡献法来评估接受临时订单的盈利性	根据不同分析工具的适用范围与企业不同状况,能在决策中正确选择合适的分析工具
2	准确判断公司是否有剩余生产能力,需要考虑固定成本是否属于无关成本	如果有剩余生产能力,固定成本就是无关成本,只要临时订单的价格大于该产品的单位变动成本,就可以接受;反之则不能接受	根据企业不同状况,能在决策中正确分析企业是否有剩余生产能力,固定成本是否属于无关成本

❓ 问题情境

假设你是某奶茶店经理,如果企业有剩余的生产能力可供使用,你是否会接受临时订单?

解析思路:不一定。决策者要充分考虑在现有基础上有剩余的生产能力可供使用而节约成本,在这种情况下可以通过边际贡献法来评估接受临时订单的盈利性,从而作出决策。决策者需要考虑接受该订单固定资产分配额是否会发生变化,如果不变化则固定成本属于无关成本不需要考虑,只要临时订单的价格大于该产品的单位变动成本,就可以接受。反之则不能接受。

五、学习结果评价

通过本项目职业能力学习,应掌握以下技能,按照此评价表对是否接受临时订单作出决策的结果进行评价,见表 4-12 所示。

表 4-12   对是否接受临时订单作出决策评价表

序号	评价内容	评价标准	评价分值
1	判断企业是否有剩余生产能力来接受临时订单	对是否有剩余生产能力来接受临时订单作出判断	20 分
		选择适合的判断标准	20 分
2	运用边际贡献法进行计算	正确计算销售收入	15 分
		正确计算变动成本	15 分
		正确计算边际贡献	10 分
3	选出最优方案	根据计算结果作出决策,选出最优方案	20 分

📋 课后作业

一、业务描述

接上述案例,现有客户来订货 600 瓶,每瓶购买单价 9 元,其他资料不变。

二、作业要求

假设你是该厂的财务经理,你还会建议决策者接受订单吗？请运用相关成本管理工具进行分析决策。

职业能力 4　对亏损产品是否停产作出决策

💡 核心概念

亏损产品　虚亏产品　实亏产品

🔍 学习目标

- 能对亏损产品是否停产作出判断；
- 能在与决策相关的信息中计算分析边际贡献；
- 能在使用边际贡献法对亏损产品是否停产作出决策时,会运用成本管理工具进行细致计算,坚持原则,作出诚实可靠的分析,并择优作出决策。

🎓 基本知识

一、亏损产品的概念

亏损产品是指销售收入不能补偿生产成本的产品。企业在发展中也经常会遇到亏损产品是否应该停产的决策问题。通常管理人员会认为,致使企业长期亏损的产品应该停产或转产。其中,销售收入低于变动成本的,被称为"实亏产品";销售收入低于生产成本但高于变动成本的,被称为"虚亏产品"。

二、亏损产品的判断

实亏产品,即销售收入低于变动成本的产品,其边际贡献是负数,这种产品生产越多,亏损越多,应该停止生产。而虚亏产品,即销售收入高于变动成本的产品,其边际贡献是正数,实际上这种产品对企业是有贡献的。

总之,对亏损产品应分不同情况进行决策,绝不能简单地予以停产,而必须综合考虑企业各种产品的经营状况、生产能力的利用情况及有关因素的影响。我们可以采用边际贡献法进行分析后,在停产、继续生产等决策中作出最优选择。

🌐 能力训练

一、业务描述

上海嘻嘻食品公司生产薯片、瓜子、蛋黄派三种产品,其中瓜子、蛋黄派两种产品盈利,薯片亏损,这三种产品的有关资料见表 4-13 所示。(假设不考虑其他税费且期末无在产品。本公司成本会计岗位人员黄英,会计主管刘新。)

表 4-13

利润表

202×年 10 月 31 日

编制单位:上海嘻嘻食品公司   单位:元

项目 ＼ 产品	薯片	瓜子	蛋黄派	合计
销售收入	1800.00	2900.00	7300.00	12000.00
变动成本	1400.00	1200.00	3600.00	6200.00
边际贡献	400.00	1700.00	3700.00	5800.00
固定成本总额	700.00	1200.00	1300.00	3200.00
息税前利润	-300.00	500.00	2400.00	2600.00

制表人:黄英   复核人:刘新

二、工作要求

如果你是该公司的财务经理,对于亏损产品薯片的生产,你会给总经理怎样的建议?薯片应该立即停产吗?请运用相关成本管理工具进行分析决策。

三、工作过程

在对亏损产品是否应该停产的决策首先判断亏损产品的边际贡献是否大于 0 来确定是否为实亏产品,其次计算并编制薯片停产后的利润计算表,最后对比分析得出结论,做出最优选择。

第一步:判断亏损产品的边际贡献是否大于零

该亏损产品(薯片)边际贡献大于0(400元),之所以亏损300元,是因为它负担了分摊给薯片的固定成本700元。但固定成本是一种已经存在的、不可避免的成本,与薯片是否停产这一决策无关。

第二步:编制亏损产品停产后利润表

假设对薯片停产后,其固定成本分别由瓜子与蛋黄派两种产品平均分摊,编制薯片停产后利润表,具体见表4-14所示。

表4-14　　　　　　　　亏损产品(薯片)停产后利润表

202×年10月31日

编制单位:上海嘻嘻食品公司　　　　　　　　　　　　　　　　　　　　　　单位:元

项目 ＼ 产品	薯片	瓜子	蛋黄派	合计
销售收入	0	2 900	7 300	10 200
变动成本	0	1 200	3 600	4 800
边际贡献	0	1 700	3 700	5 400
固定成本总额	0	1 550	1 650	3 200
息税前利润	0	150	2 050	2 200

制表人:黄英　　　　　　　　　　　　　　　　　　　　　　　　　　　复核人:刘新

第三步:选出最优方案

计算亏损产品不停产与停产的息税前利润进行对比分析,选择最优方案,具体见表4-15所示。

表4-15　　　　　亏损产品(薯片)不停产与停产的息税前利润分析表

202×年10月31日

编制单位:上海嘻嘻食品公司　　　　　　　　　　　　　　　　　　　　　　单位:元

亏损产品(薯片)不停产息税前利润		亏损产品(薯片)停产的息税前利润	
项目	金额	项目	金额
销售收入	12 000	销售收入	12 000 − 1 800 = 10 200
变动成本	6 200	变动成本	6 200 − 1 400 = 4 800
边际贡献	5 800	边际贡献	10 200 − 4 800 = 5 400
固定成本总额	3 200	固定成本总额	3 200
息税前利润	2 600	息税前利润	2 200

制表人:黄英　　　　　　　　　　　　　　　　　　　　　　　　　　　复核人:刘新

分析:

通过计算薯片不停产,薯片的边际贡献400元,三种产品的边际贡献总额为5 800元,扣除固定成本3 200元后的息税前利润2 600元。

薯片停产,薯片的边际贡献由 400 元减少为 0 元,三种产品的边际贡献总额相应减少为 5 400 元。但是固定成本 3 200 元没有因为薯片停产而减少,仍然维持 3 200 元不变。在三种产品的边际贡献总额减少 400 元时,固定成本保持不变的情况下,息税前利润由 2 600 元减少为 2 200 元。

薯片不停产的息税前利润 2 600 元大于停产的息税前利润 2 200 元。所以,尽管薯片是亏损产品,但是不能停产。

因此,亏损产品停产并不一定能提高利润,反而有可能会降低利润,所以当某种产品发生亏损时,我们不能简单的做出马上停产的决策;应该综合各项因素考虑停产或继续生产。

四、要点提示

> 判断一种亏损产品是否停产,主要取决于该亏损产品边际贡献是否大于零,如果大于零不该停产,因为亏损产品的边际贡献能覆盖一部分固定成本,有利于企业减亏或增加利润。

对亏损产品停产或增产作出决策的注意事项及策略,具体见表 4 - 16 所示。

表 4 - 16　　　　　　　　　对亏损产品停产或增产作出决策的注意事项及策略

序号	注意事项	具体操作	岗位要求
1	在对亏损产品停产或增产作出决策时,注意分辨该产品是实亏产品还是虚亏产品	分辨亏损产品时: (1) 如果息税前利润小于 0,边际贡献也小于 0,则属于实亏产品 (2) 如果息税前利润小于 0,边际贡献大于 0,则属于虚亏产品	分辨亏损产品时,不能只看息税前利润是否大于 0,还要分析边际贡献是否大于 0
2	在对亏损产品停产或增产作出决策时,注意对亏损产品决策的选择	对亏损产品决策选择时: (1) 如果属于实亏产品,应该停止生产 (2) 如果属于虚亏产品,不应当停产,虚亏产品不停产,有利于减亏或增加利润	对亏损产品决策选择时,不能简单作出停产的决策,要看该产品是否属于实亏产品或虚亏产品

❓ 问题情境

假设你是某奶茶店经理,如果卖的某款奶茶发生亏损,经营者往往会直接将亏损产品停产进行及时止损。从财务角度怎样看待这种做法?

解析思路:对亏损产品直接停产,从表面看来是及时止损,有可能会给企业造成减少亏损的假象。财务人员要及时给经营者提出有效建议:对于亏损产品,绝不能简单地予以停产,而必须综合考虑企业各种产品的经营状况、生产能力的利用情况及有关因素的影响,从而做出决策。我们可以采用边际贡献法进行分析后,在停产、继续生产等决策中作出最优选择。

五、学习结果评价

通过本项目职业能力的学习,应掌握以下技能,按照此评价表对亏损产品是否停产作出决策的结果进行评价,具体见表 4-17 所示。

表 4-17   对亏损产品停产或增产作出决策评价表

序号	评价内容	评价标准	评价分值
1	判断亏损产品的边际贡献是否大于零	判断亏损产品的边际贡献是否大于零	15 分
		选择适合的判断标准	15 分
2	编制亏损产品停产后的利润表	计算亏损产品停产后其他产品应分摊亏损产品的固定成本	50 分
3	选择最优方案	根据计算结果作出决策,选择最优方案	20 分

📑 课后作业

一、业务描述

上海馨品纸制品公司生产并销售抽纸、纸手帕、卷纸三种产品,其中抽纸、纸手帕两种产品盈利、卷纸亏损,这三种产品的有关资料见表 4-18 所示。(假设不考虑其他税费。本公司会计刘柳,财务经理顾丽。)

表 4-18   利润表
202×年 10 月 31 日

编制单位:上海馨品纸制品公司   单位:元

项目 \ 产品	纸抽	纸手帕	卷纸	合计
销售收入	40 000.00	30 000.00	20 000.00	90 000.00
变动成本	24 000.00	26 000.00	15 000.00	65 000.00
边际贡献	16 000.00	4 000.00	5 000.00	25 000.00
固定成本总额	11 000.00	3 000.00	6 000.00	20 000.00
营业利润	5 000.00	1 000.00	−1 000.00	5 000.00

制表人:刘柳   复核人:顾丽

二、作业要求

假设你是公司的财务经理,你会建议老板停产亏损产品吗？请运用相关成本管理工具进行分析决策。

工作任务二 定价决策

职业能力 1　以成本为导向的定价决策

核心概念

定价决策的含义　成本加成定价法　完全成本加成法　变动成本加成法

学习目标

- 能说出定价决策的含义；
- 能列举定价决策应考虑的主要因素；
- 能分析完全成本加成法对定价决策的影响；
- 能分析变动成本加成法对定价决策的影响；
- 在使用成本加成定价法进行定价决策时，能运用成本管理工具进行细致的计算，坚持原则，作出诚实可靠的分析，并择优作出决策。

基本知识

一、定价决策的含义

定价决策在企业生产经营活动中起着重要的作用，它关系到生产经营活动的结果。销售价格作为一种重要的竞争工具，在竞争激烈的市场上往往可以作为企业制胜的武器。在市场经济环境中，产品的销售价格是由供需双方力量的博弈所决定的。根据微观经济学的分类，按照市场中供应方的力量大小可以将市场分为完全竞争、垄断竞争、寡头垄断和完全垄断四种不同的市场类型。而针对不同的市场类型，企业对销售价格的控制力是不同的。在完全竞争的市场中，市场价格是单个厂商无法左右的，每个厂商只是均衡价格被动的接受者。在垄断竞争和寡头垄断两类市场中，厂商可以对价格有一定的影响力。而在完全垄断的市场中，企业可以自主决定产品的价格。因此，对于产品的定价决策来说，通常是针对后三种市场类型的产品。产品的定价决策是指企业为实现其定价目标而科学、合理地确定商品的最合适价格。定价方法主要包括以成本为基础的定价方法和以市场需求为基础的定价方法两大类。

本节主要介绍以成本为基础的定价方法。

二、影响定价决策的因素

由于影响产品定价的因素十分复杂，因此，在日常定价时必须考虑以下重要因素：

1. 价值因素

价格是价值的货币表现，价值的大小决定着价格的高低，而价值量的大小又是由生产产品的社会必要劳动时间决定的。因此，提高社会劳动生产率、缩短生产产品的社会必要劳动时间，可以相对地降低产品价格。

2. 成本因素

成本是影响定价的基本因素，企业必须获得可以弥补已发生成本费用足够多的收入，才能长久地生存下去。

3. 市场供求因素

市场供求变动对产品价格具有重大影响。当一种产品的市场供应大于需求时，就对其价格产生向下的压力；而当其供应小于需求时，则会推动价格的提升。

4. 竞争因素

产品竞争程度不同，对定价的影响也不同。竞争越激烈，对价格的影响就越大。

5. 政策法规因素

许多国家或地区对市场物价的高低和变动都有明确的限制和法律规定，同时，政府会通过生产市场、货币金融等手段间接调节价格。企业在制定定价策略时一定要了解本国及所在国（地区）有关方面的政策和法规。

三、成本加成定价法

成本加成定价法的基本思路是先计算成本，然后在此成本基数上加上一定的加成额，进而确定产品的价格。其公式是：

$$价格＝单位产品成本＋加成额$$
$$＝单位产品成本×（1＋加成率）$$

1. 完全成本加成法

在完全成本加成法下，以成本基数为单位产品的制造成本。以这种制造成本进行加成，加成部分必须能弥补销售以及管理费用等非制造成本，并为企业提供满意的利润。也就是说，"加成"的内容应该包括非制造成本和合理利润。在完全成本加成法下，成本加成率就是成本毛利率。其计算公式为：

$$产品单位销售价格＝单位产品成本×（1＋成本毛利率）$$

2. 变动成本加成法

变动成本加成法是指按照产品的变动成本加上加成额,作为制定产品销售价格的依据。加成的部分要求能弥补全部的固定成本,并为企业提供满意的利润。在变动成本加成法下,成本加成率为变动成本贡献率。也就是说,只要产品的销售价格能够补偿其变动成本,并可提供一定数额的边际贡献时,该价格就可以接受。其计算公式为:

$$产品单位销售价格 = 单位变动成本 \times (1 + 变动成本贡献率)$$

能力训练

一、业务描述

上海精品电器公司下一年度计划为上海某学校生产教学用的台式电脑 4 000 台,已知企业要求的成本加成率为:以完全成本法单位成本为基础加成 70.25%;以变动成本法单位成本为基础加成 73.25%。成本资料见表 4-19 所示。(假设不考虑其他税费且期末无在产品。本公司会计张欣欣,财务经理婉仪。)

表 4-19

成本明细表

202×年 7 月 31 日

编制单位:上海精品电器公司
产品名称:台式电脑

单位:元

项目	金额
直接材料	3 600 000.00
直接人工	4 200 000.00
变动制造费用	120 000.00
变动销售及管理费用	80 000.00
固定制造费用	220 000.00
固定销售及管理费用	80 000.00

制表人:张欣欣

复核人:婉仪

二、工作要求

请根据上述资料帮助企业进行分析,并运用 Excel 等工具帮助企业对台式电脑进行定价。

三、工作过程

首先根据相关数据编制变动成本计算表;其次计算两种方法下该产品的单位成本和单位变动成本;最后利用加成率计算两种方法下目标销售价格,作出决策。具体步骤如下:

第一步:编制变动成本计算表

具体操作见表 4-20 所示。

表 4 - 20

变动成本计算表

202×年 7 月 31 日

编制单位:上海精品电器公司

产品名称:台式电脑   单位:元

项目		数量	金额
变动成本	直接材料		3 600 000.00
	直接人工		4 200 000.00
	变动制造费用		120 000.00
	变动销售及管理费用		80 000.00
固定成本	固定制造费用		220 000.00
	固定销售及管理费用		80 000.00
销售数量(台)		4 000	
成本毛利率			70.25%
变动成本贡献率			73.25%

制表人:张欣欣   复核人:婉仪

第二步:计算完全成本法下产品的存货成本和变动成本法下产品的单位变动成本,编制单位成本计算表

具体操作见表 4 - 21 所示。

表 4 - 21

单位成本计算表

202×年 7 月 31 日

编制单位:上海精品电器公司

产品名称:台式电脑   单位:元

项目		数量	金额	单位成本
变动成本	直接材料		3 600 000.00	900.00
	直接人工		4 200 000.00	1 050.00
	变动制造费用		120 000.00	30.00
	变动销售及管理费用		80 000.00	20.00
固定成本	固定制造费用		220 000.00	55.00
	固定销售及管理费用		80 000.00	20.00
销售数量(台)		4 000		
成本毛利率			70.25%	
变动成本贡献率			73.25%	

制表人:张欣欣   复核人:婉仪

(1) 计算完全成本加成法下的产品存货成本:

单位产品成本＝单位直接材料成本＋单位直接人工成本＋单位变动制造费用＋单位固定制造费用

$$＝900＋1 050＋30＋55＝2 035(元)$$

（2）计算变动成本加成法下产品的单位变动成本：

单位产品变动成本＝单位直接材料成本＋单位直接人工成本＋单位变动制造费用＋单位变动销售及管理费用

$$=900+1\,050+30+20=2\,000(元)$$

第三步：利用加成率计算两种情况下目标销售价格

（1）以单位完全生产成本为基础确定：

目标销售价格＝单位产品完全成本×（1＋成本毛利率）

$$=2\,035×(1+70.25\%)=3\,465(元)$$

（2）以单位变动成本为基础确定：

目标销售价格＝单位产品变动成本×（1＋变动成本贡献率）

$$=2\,000×(1+73.25\%)=3\,465(元)$$

根据以上计算结果，得知采用完全成本定价法与变动成本定价法的结果是一致的，因此确定目标销售价格为 3 465 元。

四、要点提示

在成本加成定价法下，无论是按完全成本加成法的数据还是按变动成本加成法的数据，所计算出来的目标价格应当是一致的。这种方法应用范围较广，因为加成率可以沿用标准产品的有关指标，故在长期定价时运用此法十分方便。

以成本为导向的定价决策的注意事项及策略，具体见表 4-22 所示。

表 4-22　以成本为导向的定价决策的注意事项及策略

序号	注意事项	具体操作	岗位要求
1	在运用完全成本加成法时，注意确定成本加成部分的计算，完全成本加成法下的成本加成率就是成本毛利率	完全成本加成法下，加成部分必须能弥补销售以及管理费用等非生产成本，并包括合理利润；成本加成率就是成本毛利率＝（目标利润＋非生产成本）/生产成本×100%	在完全成本加成法下，能根据已知的成本毛利率，以完全成本为基础确定目标价格
2	在运用变动成本加成法时，注意确定成本加成部分的计算，变动成本加成法下的成本加成率就是变动成本贡献率	变动成本加成法下，加成部分要求弥补全部的固定成本，并包括合理利润；成本加成率就是变动成本贡献率＝（目标利润＋固定成本）/变动成本×100%	在变动成本加成法下，能根据已知的变动成本贡献率，以变动成本为基础确定目标价格
3	在运用完全成本加成法和变动成本加成法进行定价决策时，注意区别计算的产品单位成本	(1)完全成本加成法下，用的是在完全成本法下产品的单位产品成本，也就是商品存货的成本来计算确定产品价格 (2)变动成本加成法下，用的是在变动成本法下的产品单位变动成本来计算确定产品价格	熟练运用两种方法计算产品的单位成本，确定产品价格

？ 问题情境一

如果你是某奶茶店经理，对于本店即将推出的新产品椰奶柠檬茶，能否采用成本加成定价法来进行定价？

解析思路：对于有活跃市场的产品，可以使用市场价格来定价，或者根据市场同类或相似产品的价格来定价。而成本加成定价法主要适用于垄断市场产品的定价。

？ 问题情境二

如果你是某奶茶店经理，在对新产品冰柚奶茶进行定价时，是选择完全成本加成定价法还是变动成本加成定价法更合适？

解析思路：在成本加成定价法下，无论是按完全成本加成法的数据还是按变动成本加成法的数据，所计算出来的目标价格都是一致的。因此，两种方法都可以。成本加成定价法应用范围较广，因为加成率可以沿用标准产品的有关指标，故在长期定价时运用此法十分方便。

五、学习结果评价

通过本项目职业能力学习，应掌握以下技能，按照此评价表对以成本为导向定价决策的结果进行评价，见表 4-23 所示。

表 4-23　　　　　　　　　以成本为导向定价决策评价表

序号	评价内容	评价标准	评价分值
1	编制变动成本计算表	根据资料正确制作 Excel 表格	10 分
2	计算完全成本法下产品的单位成本和变动成本法下产品的单位变动成本，编制单位成本计算表	计算完全成本法下产品的单位产品完全成本	25 分
		计算变动成本法下产品的单位产品变动成本	25 分
3	利用加成率计算两种情况下目标销售价格	计算以单位产品生产成本为基础确定目标销售价格	20 分
		计算以单位变动生产成本为基础确定目标销售价格	20 分

课后作业

一、业务描述

上海星辰文具有限公司下一年度计划为上海某学校生产做手工用的剪刀 10 000 把,已知企业要求的加成率为:以完全成本法单位产品生产成本的基础上加成 60%,以变动成本法单位变动生产成本的基础上加成 140%,有关的预计成本资料见表 4-24 所示。(假设不考虑其他税费。本公司成本会计王华,财务主管林芳。)

表 4-24

成本明细表

202×年 8 月 31 日

编制单位:上海星辰文具有限公司

产品名称:手工用剪刀

单位:元

项目	金额
直接材料	13 000.00
直接人工	15 000.00
变动性制造费用	2 000.00
变动销售及管理费用	3 000.00
固定制造费用	15 000.00
固定销售及管理费用	8 000.00

制表人:王华   复核人:林芳

二、作业要求

根据上述资料帮助企业进行分析,运用成本加成定价法及 Excel 等工具帮助企业对手工用剪刀进行定价。

职业能力 2   以市场需求为导向的定价决策

核心概念

边际成本   边际收入   边际利润   边际利润定价法

学习目标

• 能计算边际收入、边际成本、边际利润;

- 能运用边际收入、边际成本、边际利润的计算结果进行定价决策；
- 能运用边际收入、边际成本、边际利润的计算结果判断产品的价格是否合理；
- 在以市场需求为导向进行定价决策时，能运用应用成本管理工具进行细致计算，坚持原则，作出诚实可靠的分析，并择优作出决策。

📖 基本知识

一、以市场需求为导向的定价决策相关概念

以市场需求为导向的定价原理是在市场供需规律下，产品价格降低，销售量就会增加，一开始销售收入会增长较快；但随着价格降低幅度变大，销售收入的增长就会变缓，最终可能出现下降趋势。

1. 边际成本

在管理会计中，边际成本是指当业务量以一个最小经济单位变动所引起的成本变动部分。也就是说，边际成本是指每增加一个单位（可以是 1 件、10 件、50 件等）产品销售所增加的总成本。

2. 边际收入

边际收入是指每增加一个单位产品销售所增加的总收入。

3. 边际利润

边际收入与边际成本的差额称为边际利润，表示每增加一个单位产品销售所增加的利润。

二、边际利润定价法

对某些产品来说，销售量不可能无限量地增长，市场总会达到饱和状态。边际收入不但不会无限上升，而且会呈现递减规律，也就是说，在超过一定销售量以后，边际收入将随着销售量的不断增加而逐步下降。边际成本也有可能会随着产量的上升而有所提高。所以，只有当边际收入等于其边际成本时，才能为企业提供最大的销售利润，这时的销售价格和销售数量就是最佳的状态。

本节主要介绍以市场需求为导向的定价决策中的边际利润定价法。

🖥 能力训练

一、业务描述

上海极速电子产品公司销售优盘，固定成本为 3 000 元，单位变动成本为 8 元。通过产品试销和市场预测分析，取得的有关资料如表 4 - 25 所示。（假设不考虑其他税费。本公司会计林语，财务主管吴昕。）

表 4-25　　　　　　　　　　**产品在不同价格水平的销售情况统计表**

202×年 7 月 31 日

编制单位:上海极速电子产品公司

产品名称:优盘　　　　　　　　　　　　　　　　　　　　　　　　　　　　　　单位:元

销售单价	100.00	95.00	90.00	85.00	80.00	75.00	70.00	65.00	60.00	55.00
销售量(件)	150	175	200	225	250	275	300	325	350	375
销售收入	15 000.00	16 625.00	18 000.00	19 125.00	20 000.00	20 625.00	21 000.00	21 125.00	21 000.00	20 625.00

制表人:林语　　　　　　　　　　　　　　　　　　　　　　　　　　　　复核人:吴昕

二、工作要求

请根据上述资料帮助企业进行分析,运用 Excel 等工具帮助企业对优盘进行定价。

三、工作过程

根据上述资料对优盘进行定价,首先用 Excel 等工具编制边际收入、边际成本、边际利润计算表,计算边际收入、边际成本、边际利润;其次根据计算结果进行分析,确定价格区间;最后针对定价区间进一步分析,得出定价结果。具体操作步骤如下:

第一步:计算边际收入、边际成本、边际利润,编制边际收入、边际成本、边际利润计算表

以价格 95 元产品,销售量 175 个为例,计算如下:

(1) 销售收入＝销售量×单价＝175×95＝16 625(元)

(2) 边际收入＝销售量 175 个的销售收入－销售量 150 个的销售收入

　　　　　　＝16 625－15 000＝1 625(元)

(3) 总成本＝销售量×单位变动成本＋固定成本＝175×8＋3 000＝4 400(元)

(4) 边际成本＝销售量 175 个的总成本－销售量 150 个的总成本＝4 400－4 200＝200(元)

(5) 边际利润＝边际收入－边际成本＝1 625－200＝1 425(元)

(6) 利润＝销售收入－总成本＝16 625－4 400＝12 225(元)

其他不同价格、不同销售量的计算以此类推。

编制边际收入、边际成本、边际利润计算表见表 4-26 所示。

表 4-26　　　　　　　　**边际收入、边际成本、边际利润计算表**

202×年 7 月 31 日

编制单位:上海极速电子产品公司

产品名称:优盘　　　　　　　　　　　　　　　　　　　　　　　　　　　　　　单位:元

序号	销售量(个)	单价	销售收入	边际收入	总成本	边际成本	边际利润	利润
1	150	100.00	15 000.00	—	4 200.00	—	—	10 800.00
2	175	95.00	16 625.00	1 625.00	4 400.00	200.00	1 425.00	12 225.00

续表

序号	销售量 (个)	单价	销售收入	边际收入	总成本	边际成本	边际利润	利润
3	200	90.00	18 000.00	1 375.00	4 600.00	200.00	1 175.00	13 400.00
4	225	85.00	19 125.00	1 125.00	4 800.00	200.00	925.00	14 325.00
5	250	80.00	20 000.00	875.00	5 000.00	200.00	675.00	15 000.00
6	275	75.00	20 625.00	625.00	5 200.00	200.00	425.00	15 425.00
7	300	70.00	21 000.00	375.00	5 400.00	200.00	175.00	15 600.00
8	325	65.00	21 125.00	125.00	5 600.00	200.00	−75.00	15 525.00
9	350	60.00	21 000.00	−125.00	5 800.00	200.00	−325.00	15 200.00
10	375	55.00	20 625.00	−375.00	6 000.00	200.00	−575.00	14 625.00

制表人:林语   复核人:吴昕

第二步:对计算结果进行分析确定价格区间

随着销售量的不断增加,边际收入将逐步下降,甚至出现负数,以致边际利润不断减少。当边际利润为负数时,企业的利润总额就不会是最高的利润额。由此得出最优价格在65～70元之间。

第三步:编制定价区间表

表 4‑27   **边际利润定价法的定价区间表**
                            202×年 7 月 31 日

编制单位:上海极速电子产品公司
产品名称:优盘   单位:元

序号	销售量(个)	单价	销售收入	边际收入	销售成本	边际成本	边际利润	利润
1	300	70.00	21 000.00	—	5 400.00	—		15 600.00
2	305	69.00	21 045.00	45.00	5 440.00	40.00	5.00	15 605.00
3	310	68.00	21 080.00	35.00	5 480.00	40.00	−5.00	15 600.00
4	315	67.00	21 105.00	25.00	5 520.00	40.00	−15.00	15 585.00
5	320	66.00	21 120.00	15.00	5 560.00	40.00	−25.00	15 560.00
6	325	65.00	21 125.00	5.00	5 600.00	40.00	−35.00	15 525.00

制表人:林语   复核人:吴昕
注:假设价格每减少1元,销售量增加5个(如:差价=90−85=5元,对应销售增量=225−200=25个)。价格65元至70元的销售量计算同上。

第四步:对定价区间进一步分析得出定价

根据表中计算结果所示:当销售量为305件和310件时边际收入最接近边际成本,两者相差的绝对值是5。因为销售量305件的利润总额大于销售量310件,故以销售量305件的单价69元为最优价格。

四、要点提示

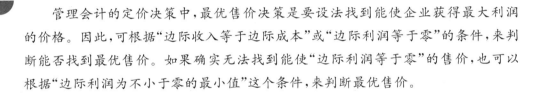

管理会计的定价决策中,最优售价决策是要设法找到能使企业获得最大利润的价格。因此,可根据"边际收入等于边际成本"或"边际利润等于零"的条件,来判断能否找到最优售价。如果确实无法找到能使"边际利润等于零"的售价,也可以根据"边际利润为不小于零的最小值"这个条件,来判断最优售价。

运用边际利润定价决策的注意事项及策略,具体见表 4 - 28 所示。

表 4 - 28　　　　　　　　运用边际利润定价决策的注意事项及策略

注意事项	具体操作	岗位要求
管理会计的定价决策中的最优售价决策,就是要设法找到能使企业获得最大利润的产品价格,即:当边际收入等于某边际成本时的销售数量及销售价格	应按以下步骤计算定价: (1) 计算边际收入、边际成本和边际利润 (2) 根据边际利润的条件来确定最优售价	能运用边际利润定价法来确定最优售价;会计算边际收入等于其边际成本时的销售数量及销售价格

❓ 问题情境

如果你是某奶茶店的经理,在为本月新品奶茶进行定价时,能否采用边际利润定价法来确定该商品的价格呢?

解析思路: 边际利润定价法主要适用于完全竞争市场的商品。边际利润定价法又称薄利多销定价法,薄利多销是为了扩大产品销售量而主动降低价格的促销手段。一般情况下当企业销售价格下降,销售量增加,每增加一个单位产品销售所增加的总收入为边际收入。在不超出企业现有生产经营能力的前提下,边际成本就是单位变动成本,边际收入减去边际成本就是边际利润。随着价格的下降边际利润越来越小,当边际利润降为 0 时,利润总额最大,此时的价格为最优价格。

五、学习结果评价

通过本项目职业能力学习,应掌握以下技能,按照此评价表进行对以市场需求为导向的定价决策中的边际利润定价法进行定价的结果评价,见表 4 - 29 所示。

表 4-29   **边际利润定价决策评价表**

序号	评价内容	评价标准	评价分值
1	编制边际收入、边际成本、边际利润计算表,计算边际收入、边际成本、边际利润	运用 Excel 等工具设置边际收入、边际利润、边际成本计算表	10 分
		计算销售收入、销售成本及利润	15 分
		计算边际收入、边际利润、边际成本	15 分
2	对计算结果进行分析,确定价格区间	根据上述计算结果进行分析	10 分
3	边际利润定价法的编制定价区间表	运用 Excel 等工具设置定价区间表	10 分
		计算定价区间并填并填表	10 分
4	对定价区间进一步分析得出定价	针对第三步计算结果进一步细分过程	10 分
		得出定价结论	20 分

📑 课后作业

一、业务描述

上海星日用品公司销售一款便携榨汁机,固定成本为 5 000 元,单位变动成本为 5 元。通过产品试销和市场预测分析,取得的有关资料如表 4-30 所示。(假设不考虑其他税费。本公司会计王欢欢,财务主管韩宇。)

表 4-30   **销售明细表**
                          202×年 8 月 31 日

编制单位:上海星日用品公司
产品名称:便携榨汁机   单位:元

项目	单价	销售量(个)	销售收入
产品在不同价格水平时的销售情况	100.00	1 000	100 000.00
	95.00	1 100	104 500.00
	90.00	1 200	108 000.00
	85.00	1 300	110 500.00
	80.00	1 400	112 000.00
	75.00	1 500	112 500.00
	70.00	1 600	112 000.00
	65.00	1 700	110 500.00
	60.00	1 800	108 000.00
	55.00	1 900	104 500.00

制表人:王欢欢   复核人:韩宇

二、作业要求

请根据上述资料帮助企业,运用 Excel 等工具对便携榨汁机进行定价。

本项目综合实训(一)

对亏损产品是否停产作出决策（小型服务业企业）的案例

🔍 实训目标

- 能筛选整理出与决策相关的信息和无关的信息,在与决策相关的信息中选择有用信息;
- 能运用《管理会计应用指引》中的相关工具进行细致计算,坚持原则,作出诚实可靠的分析,并择优作出决策,初步形成"业财融合、算管融合、算为管用"的处理方式。

🌐 能力训练

一、业务描述

上海益华餐饮有限公司黄浦区门店,近期生意清淡,为了招揽生意,公司于6月份开始销售三款新菜品:干烧脆鱼、芳香大虾、焖烧鲍鱼。年度会计决算通过计算息税前利润结果发现:干烧脆鱼、芳香大虾两种产品盈利,焖烧鲍鱼亏损,这三种产品的有关具体资料见表4-31所示。(假设不考虑其他税费。本公司会计王翔,财务主管何颖。)

表4-31 三种产品资料表

202×年12月31日

编制单位:上海益华餐饮有限公司黄浦区门店 单位:元

项目＼产品	干烧脆鱼	芳香大虾	焖烧鲍鱼	合计
销售收入	900 000.00	840 000.00	900 000.00	2 640 000.00
变动成本	700 000.00	696 000.00	810 000.00	2 206 000.00
固定成本总额	125 000.00	125 000.00	150 000.00	400 000.00

制表人:王翔 复核人:何颖

二、工作要求

根据以上资料,请帮助企业利用边际贡献法进行分析,作出对焖烧鲍鱼菜品是否停产的决策分析。

三、工作过程

首先我们需要明确什么是亏损产品停产决策,然后对数据进行分析计算,最终得出最有利的决策。在生产经营中,某种产品发生亏损是企业经常遇到的问题。对于亏损产品,绝不能简单地予以停产,而必须综合考虑企业其他产品的经营状况、生产能力的利用情况及有关因素的影响,采用边际贡献法进行分析后,在停产、继续生产等决策中做出最优选择。具体步骤如下:

第一步:判断亏损产品

根据生产车间的领用材料、生产班组记录表、发生的各项成本记录台账等原始单据,查阅工资及销售台账资料归纳、整理出有用信息及数据;计算边际贡献、息税前利润,选择采用边际贡献法进行分析所需要的资料,编制三种产品变动成本法利润表,具体见表 4 - 32 所示。

表 4 - 32　　　　　　　　　三种产品变动成本法利润表
202× 年 12 月 31 日

编制单位:上海益华餐饮有限公司黄浦区门店　　　　　　　　　　　　　　单位:元

项目 ＼ 产品	干烧脆鱼	芳香大虾	焖烧鲍鱼	合计
销售收入	900 000.00	840 000.00	900 000.00	2 640 000.00
变动成本	700 000.00	696 000.00	810 000.00	2 206 000.00
边际贡献	200 000.00	144 000.00	90 000.00	434 000.00
固定成本总额	125 000.00	125 000.00	150 000.00	400 000.00
息税前利润	75 000.00	19 000.00	− 60 000.00	34 000.00

制表人:王翔　　　　　　　　　　　　　　　　　　　　　　　　　　复核人:何颖

分析判断亏损产品:

根据计算结果,焖烧鲍鱼的息税前利润为 −60 000 元,其他菜品息税前利润均大于零,判断亏损产品为焖烧鲍鱼;但是其边际贡献大于零,也就是说焖烧鲍鱼如果不承担固定成本其实是盈利的,所以,对其是否作出停产决策需要进一步计算停产后对公司的影响。

第二步:编制亏损产品停产后利润表

假设对焖烧鲍鱼停产后,其固定成本分别由干烧脆鱼、与芳香大虾两种菜品根据收入比重分摊,编制焖烧鲍鱼停产后利润表,具体见表 4 - 33 所示。

焖烧鲍鱼停产后,其固定成本分别由干烧脆鱼、与芳香大虾两种菜品按照收入比重分摊计算:

干烧脆鱼应承担的固定成本总额:

$$= 125\,000 + 150\,000 \times \frac{900\,000}{(900\,000 + 840\,000)} \times 100\% = 125\,000 + 77\,586 = 202\,586(元)$$

芳香大虾应承担的固定成本总额:

$$=125\,000+(150\,000-77\,586)=197\,414(元)$$

编制亏损产品(焖烧鲍鱼)停产后变动成本法利润表,具体见表4-33所示。

表4-33　　　　　　亏损产品(焖烧鲍鱼)停产后变动成本法利润表
202×年12月31日

编制单位:上海益华餐饮有限公司黄浦区门店　　　　　　　　　　　　　　　单位:元

项目＼产品	干烧脆鱼	芳香大虾	焖烧鲍鱼	合计
销售收入	900 000.00	840 000.00	0.00	1 740 000.00
变动成本	700 000.00	696 000.00	0.00	1 396 000.00
边际贡献	200 000.00	144 000.00	0.00	344 000.00
固定成本总额	202 586.00	197 414.00	0.00	400 000.00
息税前利润	-2 586.00	-53 414.00	0.00	-56 000.00

制表人:王翔　　　　　　　　　　　　　　　　　　　　　　　复核人:何颖

第三步:选出最优方案

计算亏损产品不停产与停产的息税前利润进行对比分析,选择最优方案。具体见表4-34所示。

表4-34　　　　　　亏损产品(焖烧鲍鱼)停产与不停产息税前利润计算表

亏损产品(焖烧鲍鱼)不停产的息税前利润		亏损产品(焖烧鲍鱼)停产的息税前利润	
项目	金额	项目	金额
销售收入	2 640 000	销售收入	2 640 000 - 900 000 = 1 740 000
变动成本	2 206 000	变动成本	2 206 000 - 810 000 = 1 396 000
边际贡献	434 000	边际贡献	434 000 - 90 000 = 344 000 1 740 000 - 1 396 000 = 344 000
固定成本总额	400 000	固定成本总额	400 000
息税前利润	34 000	息税前利润	-56 000

制表人:王翔　　　　　　　　　　　　　　　　　　　　　　　复核人:何颖

分析:

通过计算焖烧鲍鱼不停产,焖烧鲍鱼的边际贡献90 000元,三种产品的边际贡献总额为434 000元,扣除固定成本400 000元后的息税前利润34 000元。

焖烧鲍鱼停产,焖烧鲍鱼的边际贡献由90 000元减少为0元,三种产品的边际贡献总额相应减少为344 000元。但是固定成本400 000元没有因为焖烧鲍鱼停产而减少,仍然维持

400 000 元不变。在三种产品的边际贡献总额减少 344 000 元时,固定成本保持不变的情况下,息税前利润由 34 000 元减少为 −56 000 元,企业息税前利润反而减少了 90 000 元,实际亏损 56 000 元。所以,尽管焖烧鲍鱼是亏损产品,也不能停产,因为其为干烧脆鱼、与芳香大虾两种菜品承担了固定成本 150 000 元,如果焖烧鲍鱼停产,固定成本由干烧脆鱼、与芳香大虾承担,则这两种菜品也是亏损的。

因此,亏损产品停产并不一定能提高利润,反而有可能会降低利润,所以当某种产品发生亏损时,我们不能简单的做出马上停产的决策;应该综合各项因素考虑停产或继续生产。

四、要点提示

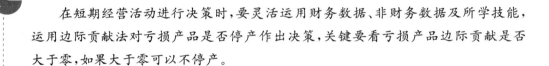

在短期经营活动进行决策时,要灵活运用财务数据、非财务数据及所学技能,运用边际贡献法对亏损产品是否停产作出决策,关键要看亏损产品边际贡献是否大于零,如果大于零可以不停产。

五、学习结果评价

通过本项目实训的学习,应掌握以下工作技能,按照此评价表对亏损产品停产或不停产作出决策的结果进行评价,具体见表 4 - 35 所示。

表 4 - 35　　　　　　　　　　　　对亏损产品是否停产作出决策评价表

序号	评价内容	评价标准	评价分值
1	判断亏损产品	编制三种产品变动成本法利润表	15 分
		分析判断亏损产品	15 分
2	编制亏损产品停产后利润表	计算干烧脆鱼应承担的固定成本总额	10 分
		计算芳香大虾应承担的固定成本总额	10 分
		编制亏损产品(焖烧鲍鱼)停产后变动成本法利润表	30 分
3	选出最优方案	根据计算结果作出决策,选择最优方案	20 分

📋 课后作业

一、业务描述

上海有为文化公司现有设备生产能力为 30 000 机器工时,其利用率为 80%,现在公司准备利用剩余生产能力开发童话书、绘画册或杂志三种产品中的一种,三种产品的相关资料如表 4 - 36 所示。(假设不考虑其他税费。本公司会计袁莉,财务主管林琪。)

表 4 - 36 　　　　　　　　　　　　　　**三种产品的成本明细表**

202×年 10 月 31 日

编制单位:上海有为文化公司 　　　　　　　　　　　　　　　　　　　　　　　　　　单位:元

项目	童话书	绘画册	杂志
单位机器工时(小时)	2	3	5
销售价格	15.00	25.00	35.00
单位变动成本	2.00	15.00	20.00

制表人:袁莉 　　　　　　　　　　　　　　　　　　　　　　　　　　　　　　复核人:林琪

二、作业要求

根据以上资料,完成作业:

(1)请帮助企业运用边际贡献法进行分析,看投资生产哪种产品更为有利。

(2)请思考,会计人员怎样做,才能主动参与企业的经营管理,根据企业实情细致认真、客观公正、坚持准则地为企业提供有价值的对亏损产品停产或不停产的策略,从而提供高质量的会计服务。

本项目综合实训（二）

定价决策（小型制造业企业）的案例

实训目标

• 能准确、细心地从企业财务部门相关信息及业务部门的相关信息中，筛选出不同产品价格销售明细表；

• 能运用边际收入、边际成本、边际利润分析企业产品定价是否合理；

• 能运用计算边际收入、边际成本、边际利润，编制边际利润定价法计算表；

• 能认真、细心、严谨的收集、筛选、加工、整理企业财务信息及非财务信息，运用相关法规辨别、判断、使用有用的真实信息，为企业经营者提供有价值的财务信息；

• 在以市场需求为导向进行定价决策时，能运用相关应用工具进行细致计算、坚持原则、诚实守信的分析判断，择优作出定价决策，初步形成业财融合、算为管用的管理理念。

能力训练

一、业务描述

上海华亿玩具制造有限公司4月份销售一款卡通储蓄罐，固定成本为8 000元，单位变动成本为15元。通过产品试销和市场预测分析，从销售部门取得大量的销售明细情况，整理出有用的相关资料，见表4-37所示。（假设不考虑其他税费。本公司会计新宇，财务主管慧琳。）

表4-37

销售明细表

202×年4月30日

编制单位：上海华亿玩具制造有限公司

产品名称：卡通储蓄罐

单位：元

项目	价格	销售量（个）	销售收入
产品在不同价格水平时的销售情况	80.00	250	20 000.00
	75.00	280	21 000.00
	70.00	310	21 700.00

续表

项目	价格	销售量(个)	销售收入
	65.00	340	22 100.00
	60.00	370	22 200.00
	55.00	400	22 000.00
	50.00	430	21 500.00
	45.00	460	20 700.00

制表人:新宇   复核人:慧琳

二、工作要求

根据上述资料帮助企业进行分析,运用边际利润定价法及 Excel 等工具帮助企业对一款卡通储蓄罐进行定价。

三、工作过程

对财务信息与业务信息进行分析找出有用信息,运用 Excel 等工具计算某产品的边际收入、边际成本、边际利润,编制边际利润定价法计算表,从管理角度真实反映企业的盈利状况,分析找出该产品的定价区间,从而判断出最合适的产品价格,即边际利润等于零、边际收入等于边际成本或边际收入接近于边际成本时的利润总额最大,其所对应的价格就是最优价格。

具体计算分析如下:

第一步:计算边际成本、边际收入、边际利润,编制边际利润定价法计算表

根据产品不同价格的销售收入,按照顺序依次计算 2 个不同销售收入的差额,即边际收入;同理分别计算出边际成本及边际利润,编制边际利润定价法计算表。

以价格 75 元的产品、销售量 280 个为例,计算如下:

(1) 销售收入=销售量×价格=280×75=21 000(元)

(2) 边际收入=销售量 280 个的销售收入-销售量 250 个的销售收入
　　　　　 =21 000-20 000=1 000(元)

(3) 总成本=销售量×单位变动成本+固定成本=280×15+8 000=12 200(元)

(4) 边际成本=销售量 280 个的总成本-销售量 250 个的总成本=12 200-11 750=450(元)

(5) 边际利润=边际收入-边际成本=1 000-450=550(元)

(6) 利润=销售收入-总成本=21 000-12 200=8 800(元)

其他不同价格、不同销售量的计算以此类推。

编制边际利润定价法计算表,具体见表 4-38 所示。

表4-38

边际利润定价法计算表

202×年4月30日

编制单位:上海华亿玩具制造有限公司

产品名称:卡通储蓄罐

单位:元

销售量(个)	价格	销售收入	边际收入	总成本	边际成本	边际利润	利润
250	80.00	20 000.00	—	11 750.00	—	—	8 250.00
280	75.00	21 000.00	1 000.00	12 200.00	450.00	550.00	8 800.00
310	70.00	21 700.00	700.00	12 650.00	450.00	250.00	9 050.00
340	65.00	22 100.00	400.00	13 100.00	450.00	-50.00	9 000.00
370	60.00	22 200.00	100.00	13 550.00	450.00	-350.00	8 650.00
400	55.00	22 000.00	-200.00	14 000.00	450.00	-650.00	8 000.00
430	50.00	21 500.00	-500.00	14 450.00	450.00	-950.00	7 050.00
460	45.00	20 700.00	-800.00	14 900.00	450.00	-1 250.00	5 800.00

制表人:新宇　　　　　　　　　　　　　　　　　　　　　　　　　　　　　　复核人:慧琳

第二步:对计算结果进行分析确定价格区间

　　　根据边际利润定价法计算表的计算结果分析,产品的边际收入随着销售量不断增加而逐渐减少,以至于边际利润也逐渐减少,据此找出产品最优价格区间。

　　随着销售量的不断增加,边际收入将逐步下降,甚至出现负数,以至于边际利润不断减少。当边际利润为负数时,企业的利润总额就不会是最高的利润额。因此本产品的最优价格在65~70元之间。

第三步:编制定价区间表

　　　根据定价区间,按照价格每变动一元引起销售量的变动,用销售收入按照顺序依次计算2个不同销售收入的差额,即边际收入;同理,分别计算出边际成本及边际利润,编制定价区间表。

　　根据边际利润定价法计算表结果来看,如果价格每减少一元,销售量增加6个,那么价格65~70元的销售量计算如表4-39所示。

表4-39

定价区间表

202×年4月30日

编制单位:上海华亿玩具制造有限公司

产品名称:卡通储蓄罐

单位:元

销售量	价格	销售收入	边际收入	销售成本	边际成本	边际利润	利润
310	70.00	21 700.00	—	12 650.00	—	—	9 050.00

续表

销售量	价格	销售收入	边际收入	销售成本	边际成本	边际利润	利润
316	69.00	21 804.00	104.00	12 740.00	90.00	14.00	9 064.00
322	68.00	21 896.00	92.00	12 830.00	90.00	2.00	9 066.00
328	67.00	21 976.00	80.00	12 920.00	90.00	−10.00	9 056.00
334	66.00	22 044.00	68.00	13 010.00	90.00	−22.00	9 034.00
340	65.00	22 100.00	56.00	13 100.00	90.00	−34.00	9 000.00

制表人：新宇　　　　　　　　　　　　　　　　　　　　　　　　　　　　　复核人：慧琳

第四步：对定价区间进一步分析得出定价

　　根据定价区间表的计算结果，分析找出产品的价格区间，从而判断出最合适的产品价格，即边际利润等于零或边际收入接近于边际成本时的利润总额最大，其所对应的价格就是最优价格。

　　根据表中计算结果所示，当产品价格是 68 元、销售量是 322 件时，边际收入最接近边际成本，此时的利润总额最大为 9 066 元；因此卡通储蓄罐每件定价 68 元为最优价格。

四、要点提示

　　管理会计定价决策中的最优售价决策，就是要设法找到能使企业获得最大利润的价格。可以根据"边际收入等于边际成本"或"边际利润等于零"的条件来判断能否找到最优售价。如果确实无法找到能使"边际利润等于零"的售价，也可以根据"边际利润为不小于零的最小值"这个条件，来判断最优售价的区间，从而找到最优售价。

　　综合运用边际利润定价法决策时的注意事项及策略，具体见表 4 - 40 所示。

表 4 - 40　　　　　　　　综合运用边际利润定价法决策时的注意事项及策略

注意事项	具体操作	岗位要求
综合运用边际利润定价法决策时，搜集资料筛选整理有用信息，注意财务信息与业务信息结合分析计算	筛选整理出与边际收入、成本及边际利润有关的财务与业务信息，计算出边际收入、成本及边际利润	业财融合：筛选整理运用边际利润定价法进行定价所需的财务信息，与之相关的业务信息结合分析，归纳出与定价有关的因素；熟练计算边际收入、边际成本和边际利润

五、学习结果评价

　　完成本项目实训的学习后，请按照表 4 - 29 所示的评价表对以市场需求为导向的定价决策的结果进行评价。

课后作业

一、业务描述

上海星光文具有限公司下一年度计划为上海某学校生产考题练习簿 6 000 本,有关的预计成本等资料如表 4 - 41 所示。已知企业要求的加成率为在单位产品生产成本的基础上加成 80%,在单位变动生产成本的基础上加成 115%。(假设不考虑其他税费。本公司成本会计人员王华,财务主管林芳。)

表 4 - 41

成本明细表

202×年 4 月 30 日

编制单位:上海星光文具公司

产品名称:练习簿　　　　　　　　　　　　　　　　　　　　　　　　　　　　　　　　　　单位:元

项目	金额
直接材料	60 000.00
直接人工	36 000.00
变动性制造费用	12 000.00
变动销售及管理费用	6 000.00
固定制造费用	21 000.00
固定销售及管理费用	12 000.00

制表人:王华　　　　　　　　　　　　　　　　　　　　　　　　　　　　　　　　　　复核人:林芳

二、作业要求

根据以上资料,完成作业:

(1)帮助企业进行成本利润分析,并运用 Excel 等工具帮助企业对练习册进行定价。

(2)请思考会计人员要怎样做,才能主动参与企业的经营管理,根据企业实情,细致认真、客观公正、坚持准则地为企业提供有价值的定价策略,从而提供高质量的会计服务。

参考文献

［1］财会〔2014〕27号　财政部关于全面推进管理会计体系建设的指导意见［Z］.财政部官网.2014-11-14.

［2］财会〔2016〕10号　管理会计基本指引［Z］.中华人民共和国中央人民政府官网.2016-6-22.

［3］中华人民共和国财政部.管理会计应用指引［M］.上海:立信会计出版社,2018.

［4］上海管会教育培训有限公司.中级数字化管理会计:理论、案例与实训［M］.北京:高等教育出版社,2021.

［5］钱逢胜.管理会计［M］.上海:上海财经大学出版社,2016.

［6］高翠莲.管理会计基础［M］.北京:高等教育出版社,2018.

［7］胡玉明.管理会计应用指引详解与实务［M］.北京:经济科学出版社,2019.

［8］王苹香,刘相礼,解秀兰.管理会计实务［M］.北京:人民邮电出版社,2012.

［9］财政部会计资格评价中心.2010年中级会计资格:财务管理［M］.北京:中国财政经济出版社,2009.

［10］［美］彼得·C.布鲁尔等.管理会计导论(第4版)［M］.刘洪生,王思妍,李冰洋,译.大连:东北财经大学出版社,2009.

［11］C. T. Horngren, G. L. Sundem, W. O. Stratton. *Introduction to Management Accounting* ［M］. N.J.: Prentice Hall International, Inc., 11th ed., 1999.

［12］黄玮勤,张纯义.管理会计(第二版).北京:中国人民大学出版社,2017.